AF408513

* 9 7 9 8 8 6 8 9 2 4 6 9 9 *

ספר

עֵץ חַיִּים

לרבינו

חַיִּים וִיטַאל ז"ל

שֶׁקִיבֵּל מֵמָרָן הָאֲרִ"י זלה"ה

שַׁעַר עֲגוּלִים וְיוֹשֶׁר

שַׁעַר א' עָנָף ג'

די"ב ע"ד – די"ג ע"ג

תש"פ

SimchatChaim.com

בהוצאת

שִׂמְחַת חַיִּים

בס"ד

הקדמה

ירפא **ה**מאציל **וי**ושיע **ה**בורא את כל חולי בני ישראל, וישלח להם רפואה שלימה, רפואת הנפש ורפואת הגוף, בכל אבריהם ובכל גידיהם לעבודתו יתברך.

בי"ב במנחם אב תשס"ה, הובהלתי לבית החולים, הרופאים לא נתנו לי סיכוי לחיות יותר מכמה שעות בגלל מספר תסבוכות. עם כל זאת בזכות התפילות של בני ישראל הקדושים, ברחמיו הרבים, ריחם עלי הקדוש ברוך הוא, ונשארתי בחיים.

עם כל זאת, הובחנה אצלי מחלה קשה בכליות, ונאמר לי שהצטרך למכונת דיאליזה. בשבילי זה היה שוק!!! אף פעם לא הייתי אצל רופא, או בית חולים. כך בעל כרחי התחברתי למכונת דיאליזה, ומכונה זאת הייתה[1] קשורה בי ככלב במשך שמונים חודשים בדיוק, כמניין **יסוד**, במשך 10-12 שעות ביום.

בשבת פרשת **ויחי יעקב** י"ב טבת תשע"ב, בזכות בני ישראל, שכולם אהובים כולם ברורים כולם גיבורים כולם קדושים... וכולם פותחים את פיהם באהבה שלוש פעמים ביום, ואומרים - **ברוך אתה... רופא חולי עמו ישראל**, וכללותם כל האברכים, תלמידי הישיבות, רבנים וחכמים, חסידים, מקובלים עם תינוקות של בית רבן, זקנים עם נערים, בחורים וגם בתולות, בארץ הקודש ובעולם. ומצד שני בנות ישראל היקרות מפז, שהתפללו וקבלו עליהם כל מיני קבלות, מהפרשת חלה עד צניעות וכיסוי הראש, עם הרבנים, המנהלים, המורים, המורות **והתלמידות של בית יעקב דטורונטו** שכל יום התפללו, וכללו בתפילתם שבקעה את כל הרקיעים אותי, ונושעתי אני הקטן. הושתלה בי כליה. והתנתקתי ממכונת הדיאליזה.

אמר המלך דוד - לולי[2] תורתך שעשעי אז אבדתי בעניי. מה שנתן לי חיות היא התורה הקדושה, בשעות הרבות שהיתי מחובר למכונת הדיאליזה)כ12 שעות ביום(, ערכתי סדרתי וכתבתי במחשב את הקונטרסים שלמדתי במשך שנים. וקונטרסים אלו הפכו לחיבור, ואחרי התלבטויות ובקשות מבני גילי, החלטתי בעזרתו יתברך להדפיס קונטרסים אלו.

ידוע הוא כי כל דברי האר"י זלל"ה ותלמידו נאמן ביתו, רבינו חיים ויטאל הם סתומים וחתומים באלפי שרשראות ומנעולים, והרב ז"ל גלֹה טפח וכיסה אלפים אמה, וכלל דבריהם הוא משלים, עם כל זאת העוסק במשל פועל בעלמות העליונים בנמשל. לכן צריך זהירות גדולה לא להגשים את המשלים, בסוד המבואר בספר הזוהר הקדוש - **ועליהו אתמר** ועליהם נאמר - **ארור האיש אשר יעשה פסל ומסכה וגומר, ושם בסתר, מאי בסתר** מהו בסתר - **בסתרו דעלמא** בסתר העולם. **ובגין דא אמר קודשא בריך הוא לא תעשון אתי** ומפני זה אמר הקדוש ברוך הוא לא תעשון אתי אלה"י כסף ואלה"י זהב, **והכי אוקמוה חבריא לא תעשון אתי כדמות שמשי שמשמשין אותי** וכך העמידוהו החברים לא תעשון אתי כדמות שמשי שמשמשים אותי **במרום, לצייראי בסתר דילי שום ציור או דמיון** לצייר בסתר שלי שום ציור או דמיון, **דכל מאן דצייר לעיל לקודשא בריך הוא** שכל מי שמצייר למעלה לקדוש ברוך הוא, **בסתר)**דאיהי שכינתיה, כלילא מעשר ספיראן** שהיא שכינתו, כלולה מעשר ספירות(, **שום ציור, וצלם, ודמות, כגוונא דמצייריך בשמשין דיליה** שמציירים בשמשים שלו, **בשמתיה אתלבשא בההוא צלמא** נשמתו מתלבשת באותו צלם....

---

[1]

גמרא סוטה ד"ג ע"ב – רבי אלעזר אומר, **קשורה בו ככלב**, שנאמר - ולא שמע אליה לשכב אצלה להיות. עמה לשכב אצלה בעולם הזה. להיות עמה לעולם הבא.

[2]

תהלים קי"ט צ"ב

וכן הוא בסוף ענף ד' דשער א' בספר עץ חיים שער ההקדמות, וז"ל הטהור - ואמנם דבר גלוי הוא כי אין למעלה גוף ולא כח גוף חלילה. וכל הדמיונות והציורים אלו לא מפני שהם כך חס ושלום. אמנם **לשכך את האוזן** לכשיוכל האדם להבין הדברים העליונים, הרוחניים, בלתי נתפסים, ונרשמים בשכל האנושי. לכן ניתן רשות לדבר בבחינת ציורים ודמיונים, כאשר הוא פשוט בכל ספרי הזוהר. וגם בפסוקי התורה עצמה כמה כולם כאחד עונים ואומרים בדבר הזה, כמו שאמר הכתוב עיני הוי"ה המה משוטטים בכל הארץ. עיני הוי"ה אל צדיקים. וישמע הוי"ה. וירח הוי"ה. וידבר הוי"ה. וכאלה רבות. וגדולה מכולם מה שאמר הכתוב - ויברא אלהי"ם את האדם בצלמו בצלם אלהי"ם ברא אותו זכר ונקבה וגו'. **ואם התורה עצמה דברה כך** גם אנחנו נוכל לדבר כלשון הזה, עם היות שפשוטו הוא למעלה שאין שם אלא אורות דקים בתכלית הרוחניות, בלתי נתפשים שם כלל, וכמו שאמר הכתוב - כי לא ראיתם כל תמונה, וכאלה רבות. ואמנם יש עוד דרך אחרת כדי להמשיך ולצייר בה הדברים העליונים, והם בחינת כתיבת צורת אותיות, כי כל אות ואות מורה על אור פרטי עליון, וגם תמונת זו דבר פשוט הוא כי אין למעלה לא אות ולא נקודה, **וגם זה דרך משל וציור לשכך את האוזן** כנזכר.....

ולכן כל המבואר כאן בחיבור זה הוא כדי **לשכך את האוזן**. והתרשימים שבסוף החיבור הם כדי **לשבר את העין**, לכן אין שום ביאור והסבר שלם, ואין שום תרשים שלם בתכלית השלמות.

ידוע כי[3] דברי תורה עניים במקומן ועשירים במקום אחר, **ועל אחת כמה וכמה** בדברי הרב ז"ל, שכל סוגיה חסרה[4] במקומה, וחלקיה מפוזרים במקומות אחרים. **זאת ועוד** הרב ז"ל מערבב בדרוש אחד כמה וכמה סוגיות, כאשר בפשטות דבריו נראה שכל הדרוש הוא דרוש אחד, ולא מחולק לסוגיות שונות, ושמועות שונות, **ביאור** דברי הרב ז"ל כאן הם **בעומק, והוא בעצם ליקוט** עד איפה שידי הקצרה הגיעה, מכל חלקי ספר עץ חיים, ושמונה השערים המצויינים לרב ז"ל, מבוא שערים ושאר ספרי הרב ז"ל, והוא גם על פי הקדמת רחובות הנהר למרן הרש"ש, דרושי פנימיות וחיצוניות, דרוש הדעת, סוגיות ערכין, סוגיות דכללות והתכללות, פרטות וכללות, וסוגיות עובי ואורך, ועל פי ביאור גדולי רבותינו חכמי המקובלים לדורותם זלה"ה זי"ע.

ידוע כי[5] אין בר בלי תבן, כך אין ספר בלי טעויות, ועוד יודע אני כי דל ועני אני, **ואין[6] עני אלא בדעה**. לכן מבקש אני בכל של לשון של בקשה אם יש לכל אחד שאלות, הערות, הארות, תיקונים, נא לשלוח ל - book@simchatchaim.com והשתדל לענות, ולתקן את הצריך תיקון.

בברכה והצלחה בלימוד התורה הקדושה

ובעיקר בפנימיות התורה, תורת האר"י הח"י.

ורפואה שלימה לכל חולי ישראל.

אח"י

---

[3] **גמרא ירושלמי, ראש השנה פ"ג הלכה ה' די"ז ע"א** – דברי תורה עניים במקומן, ועשירים במקום אחר.

[4] **תורת חכם דע"ב ע"ב** – חסר לשון הוא, כמו שיראה המעיין.

[5] **גמרא ברכות נ"ה א'** - מה לתבן את הבר נאם ה', וכי מה ענין בר ותבן אצל חלום, אלא אמר ר' יוחנן משום ר' שמעון בן יוחאי ,כשם שאי אפשר לבר בלא תבן, כך אי אפשר לחלום בלא דברים בטלים.

[6] **גמרא נדרים מ"א ע"א** – אין עני אלא בדעה.

<u>ב"ה</u>

הקדמה קצרה לחיוב לימוד תורת הקבלה

ישמחו **ה**שמים **ו**תגל **ה**ארץ ירעם הים ומלאו. שזכינו בדור שלנו שפנימיות התורה, שהיא היא תורת הקבלה, מתפשטת לכל, וכל מקום בעולם היום לומדים בתורת החן"ן. הדור שלנו יש הרבה התעוררות ללמוד סתרי התורה הקדושה, הנקראת חכמת הקבלה. בירושלים של המאה ה18 בישיבת **בית אל** היו בקושי מנין של מקובלים, והיום תורת הקבלה מופצת בכל מקום בארץ ובעולם. לעניות דעתי אחת הסיבות העיקריות לשינוי זה הוא רצונם של בני התורה, החוזרים בתשובה ועמך לדעת את סוד החיים, למה ברא הקדוש ברוך הוא את העולם, ואת טעמי המצות, ר"ל אי אפשר היום בדור שלנו, להסביר על פי הפשט את הסיבה מדוע אסור לאכול בשר וחלב, מדוע צריך להניח תפילין, למה לשמור דוקא שבת ולא יום שלישי, אי אפשר להגיד כל הזמן **זאת גזרת הכתוב, כך רוצה הקדוש ברוך הוא,** האנשים מחפשים הסברים למצות, לסיפורי התנ"ך, לגלגולי נשמות, ועוד. ורק על ידי עסק בפנימיות התורה, אדם מסיג את ההסברים לקושיות שיש לו. **זאת ועוד** חיים אנחנו בדור של חומריות, והאנשים מחפשים את רוחניות שבחיים, אז מה עושים, נוסעים למזרח, להודו, סין, תאילנד למצוא רוחניות, ולא יודעים **ששורש כל הרוחניות בעולם נמצאת בתורה הקדושה,** עם כל זאת כאשר הלומד את פשט התורה, **הוא לא מכיר** את הקדוש ברוך הוא, והוא בלי יראת שמים ושמחה אמתית. כותב הרב המקובל האלו"ה י רבינו יהודה פתייה בפרושו הנפלא על עץ חיים - כי לימוד עץ חיים הוא עמוק מאד מאד, כי הוא **מים שאין להם סוף,** והוא קשה מאד גם לחכמים ההוגים בו תמיד, וכל שכן למתחילים. כי הוא חזק מצור, וקשה מברזל, שאי אפשר לחצוב ממנו מאומה, אם לא על ידי כלי מחצב חזקים כציפורן שמיר. וכל המתחיל בלימוד עץ חיים, אם לא יהיה לו רב, או לפחות איזה מפרש המפרש לו כוונת הפרק ההוא לפי פשוטו, נבול יבול, ואינו יכול לעמוד על הפרק כי אם לאחר יגיעה רבה, ושקידה עצומה, וכולי האי ואולי. כי הרבה פעמים יסבור המעיין שהבין הענין ההוא כראוי, ואחר שילמוד עוד איזה פרקים אחרים, ירגיש כעצמו שלא הבין את פרקים הקודמים, והניסיון יעיד על זה, עד כאן דברי קודשו. עם כל זאת חייב כל אדם לעסוק בתורת ה**ח**יים.

צדיק אתה הוי"ה וישר משפטיך. כתב הרב רבינו חיים ויטאל ז"ל בהקדמה לשער ההקדמות - והנה מה שכתב בתחילת דבריו, ואפילו כל אינון דמשתדלי באורייתא כל חסד דעבדי לגרמייהו וכו', עם היות שפשטו מבואר ובפרט בזמנינו זה, בעונותינו היום אשר התורה נעשית קרדום לחתוך בה אצל קצת בעלי תורה, אשר עסקם בתורה על מנת לקבל פרס, והספקות יתירות, וגם להיותם מכלל ראשי ישיבות, ודיני סנהדראות, להיות שמם וריחם נודף בכל הארץ, **ודומים במעשיהם לאנשי דור הפלגה הבונים מגדל וראשו בשמים,** ועיקר סיבת מעשיהם היא מה שנאמר אחר כך הכתוב - **ונעשה לנו שם...** והנה על הכת הזאת אמרו בגמרא כל העוסק בתורה שלא לשמה, נוח לו שנהפכה שלייתו על פניו, ולא יצא לאויר העולם. ואמנם האנשים האלה מראים תמה ועונה ואמרם באמרם כי כל עסקם בתורה הוא לשמה. והנה החכם הגדול התנא רבי מאיר ע"ה העיד עליהם שלא כך הוא, באומרו לשון כללות - כל העוסק בתורה לשמה זוכה לדברים הרבה וכו', **ומגלים לו רזי תורה, ונעשה כנהר שאינו פוסק,** והולך וכמעיין המתגבר מאליו, בלתי הצטרכו לטרוח ולעיין בה, ולהוציא טיפין טיפין של מימי

התורה מן הסלע, הנה זה יורה שאינו עוסק בתורה לשמה כהלכתה, ומי זה האיש אשר לא יזלו עיניו דמעות בראותו המשנה הזאת, **ורואה חסרונו ופחיתותו**, עד כאן לשונו. לכן כל אחד צריך לטעום מעץ החיים.

חצות לילה אקום להודות לך על משפטי צדקך. כתב רבינו אליהו מני זצ"ל רבו של הרי"ח הטוב, בספרו הקדוש כסא אליהו שער ד' וז"ל - ואם זיכך הוי"ה ללמוד בחכמת האמת, הנה עצה היעוצה היא שכל סדר הלימוד בנגלה תתנהג בו ביום דווקא. **אבל בלילה תלמוד בחכמת האמת, והעיקר הלימוד אחר חצות**, כי זה הלימוד צריך ישוב דעת הרבה, וכשיקוץ האדם אז דעתו מיושבת עליו יותר. גם גה הלימוד צריך הסתר והצנע, **וכל דבר שיהיה בלילה ובפרט אחר חצות יהיה נסתר יותר מן היום**. ותעשה ועד עם החברים בבית המדרש אם הוא צנוע, **או בביתך ותלמדו בכל לילה**, עד כאן לשונו. וישב ללמוד האדם בלילה תחת עץ החיים.

קראתי בכל לב עני הוי"ה חקיך אצרה. בהקדמה[7] לשער ההקדמות מבאר הרב ז"ל - ואמנם אל יאמר אדם אלכה לי ואעסוק בחכמת הקבלה, מקודם שיעסוק בתורה במשנה ובתלמוד, כי כבר אמרו רבינו ז"ל - אל יכנס אדם לפרדס **אלא אם כן מלא כריסו בבשר וייין**, והרי זה דומה לנשמה בלתי גוף, שאין לה שכר ומעשה וחשבון, עד היותה מתקשרת בתוך הגוף, בהיותו שלם מתוקן במצות התורה בתרי"ג מצות. **וכן בהפך** בהיותו עוסק בחכמת המשנה והתלמוד בבלי, ולא ייתן חלק גם אל סודות התורה וסתריה, כי **הרי זה דומה לגוף היושב בחושך**, בלתי נשמת אדם נר הוי"ה המאירה בתוכה, **באופן שהגוף יבש בלתי שואף ממקור חיים**, אשר זהו ענין אומרו במקום אחר ההוא הנזכר לעיל וז"ל - דאילין אינון דעבדי לאורייתא יבשה, ולא בעאן לאשתדלא בחכמת הקבלה וכו'. באופן כי התלמידי חכמים העוסקים בתורה לשמה, ולא לשמו, לעשות לו שם. צריך שיעסוק בתחילה בחכמת המקרא, והמשנה, והתלמוד, כפי מה שיוכל שכלו לסבול. ואחר כך יעסוק לדעת את קונו בחכמת האמת, וכמו שציוה דוד המלך ע"ה את שלמה בנו - דע את אלה"י אביך ועבדהו. ואם האיש הזה יהיה כבד וקשה בענין העיון בתלמוד, מוטב לו שיניח את ידו ממנו, אחר שבחן מזלו בחכמה זאת, ויעסוק בחכמת האמת. וזה שמבואר כל תלמיד חכם שאינו רואה סימן יפה בתלמוד בחמשה שנים, שוב אינו רואה, עד כאן דברי קודשו. ומזה כל אחד ואחד חייב להדבק במקור החיים.

חסדך הוי"ה מלאה הארץ חקיך למדני. בשער הגלגולים, בקדמה ט"ז כתב הרב ז"ל - עוד צריך שתדע, כי האדם צריך לקיים כל התרי"ג מצות, במעשה, ובדבור, ובמחשבה. וכמו שאמרו ז"ל על פסוק - זאת התורה לעולה ולמנחה וכו', כל העוסק בפרשת עולה, כאלו הקריב עולה וכו'. וכוונו בזה שהאדם מחוייב לקיים כל התרי"ג מצות בדבור, וכן על דרך זה במחשבה. ואם לא קיים כל התרי"ג בשלשה בחינות הנזכרות, מחוייב להתגלגל עד שישלים אותם. **עוד דע**, כי האדם מחוייב לעסוק בתורה בארבעה מדרגות, **שסימנם פרד"ס**, והם, פשט, רמז, דרוש, סוד וצריך שיתגלגל עד שישלים אותם. ובהקדמה י"ז כותב הרב ז"ל - שהאדם **מחוייב לעסוק בתורה בארבעה מדרגות שבה**, והיא זאת, דע, כי כללות כל הנשמות הם ששים רבוא ולא יותר. והנה התורה היא שרש נשמות ישראל, כי ממנה חוצבו, ובה

ע"ח ד"א ע"ד.

נשרשו. ולכן יש בתורה ששים רבוא פירושים, וכלם כפי הפשט. וששים רבוא ברמז. וששים רבוא בדרש. **וששים רבוא בסוד**. ונמצא, כי מכל פירוש מן הששים רבוא פרושים, ממנו נתהווה נשמה אחת של ישראל, ולעתיד לבא כל אחד ואחד מישראל, ישיג לדעת כל התורה כפי אותו הפירוש המכוון עם שרש נשמתו, אשר על ידי הפירוש ההוא נברא ונתהווה כנזכר. וכן בגן עדן אחר פטירת האדם, ישיג כל זה. וכן בכל לילה כאשר האדם ישן, ומפקיד נשמתו ויוצאה ועולה למעלה, הנה מי שזוכה לעלות למעלה, מלמדים לו שם אותו הפירוש, שבו תלוי שרש נשמתו. ואמנם הכל כפי מעשיו ביום ההוא, כך באותה הלילה ילמדוהו, פסוק אחד, או פרשה פלונית, כי אז מאיר בו יותר פסוק ההוא משאר הימים. ובלילה האחרת יאיר בנשמתו פסוק אחר, כפי מעשיו של אותו היום, וכולם על דרך הפירוש ההוא אשר תלויה בו שרש נשמתו כנזכר, עד כאן דברי קודשו. ור"ל שכל יהודי ויהודי חייב להשיג את שורש נשמתו, וללמוד את סוד ה**חיים**.

יבאוני רחמיך ואחיה כי תורתך שעשעי. מבואר במדרש משלי - אמר רבי ישמעאל, בוא וראה כמה קשה יום הדין שעתיד הקדוש ברוך הוא לדון את כל העולם כולו בעמק יהושפט. בזמן שתלמידי חכמים באים לפניו, אומר לכל אחד מהם - כלום עסקת בתורה, אמר לו הן, אומר לו הקדוש ברוך הוא הואיל והודית, אמור לפני מה שקרית, ומה ששנית בישיבה, ומה ששמעת בישיבה. מכאן אמרו - כל מה שקרא אדם יהא תפוש בידו, ומה ששנה כמו כן, שלא תשיגהו בושה ליום הדין. מכאן היה רבי ישמעאל אומר - אוי הלה לאותה בושה, אוי לה לאותה כלימה, ועל זה ביקש דוד מלך ישראל בתפילה ובתחנונים לפני המקום ואמר - הוי"ה בוקר תשמע קולי בוקר אערך לך ואצפה. בא לפניו מי שיש בידו מקרא ואין בידו משנה, הקדוש ברוך הוא הופך את פניו ממנו, ושרי גיהנם מתגברים בו כזאבי ערב, ונוטלין אותו ומשליכין אותו לתוכה. בא לפניו מי שיש בידו שני סדרים או שלושה, אז הקדוש ברוך הוא אומר לו - בני, כל ההלכות למה לא שנית אותם, ואם אומר הקדוש ברוך הוא הניחוהו, מוטב, ואם לאו עושין לו כמידת הראשון. בא לפניו מי שיש בידו הלכות, הקדוש ברוך הוא אומר לו - בני, תורת כהנים למה לא שנית, שיש בה טומאה וטהרה, וטומאת שרצים וטהרת שרצים, טומאת נגעים וטהרת נגעים, טומאת נתקים ובתים וטהרת נתקים ובתים, טומאת זבים ולידה וטהרת זבים ולידה, טומאת מצורע וטהרתו, סדר ווידוי יום הכיפורים, וגזירות שוות, ודיני ערכים, וכל דין שדנו ישראל לא דנו אלא מתוכו. בא לפניו מי שיש בידו תורת כהנים, אומר לו הקדוש ברוך הוא - בני, חמישה חומשי תורה למה לא שנית, שיש בהם קריאת שמע, ותפילין, ומזוזה. בא לפניו מי שיש בידו חמישה חומשי תורה, אומר לו - בני, למה לא למדת הגדה, ולא שנית, שבשעה שחכם יושב ודורש, אני מוחל ומכפר עוונותיהם של ישראל, ולא עוד אלא בשעה שעונין אמן יהא שמיה רבה מברך, אפילו נחתם גזר דינם אני מוחל ומכפר להם עוונותיהם. בא לפניו מי שיש בידו הגדה, אומר לו הקדוש ברוך הוא - בני, תלמוד למה לא שנית, שנאמר - כל הנחלים הולכים אל הים והים איננו מלא, זה התלמוד, שיש בו חכמות הרבה. בא מי שיש בידו תלמוד, הקדוש ברוך הוא אומר לו - בני, הואיל ונתעסקת בתלמוד, **צפית במרכבה, צפית בגאוה**, שאין הנייה בעולמי, אלא בשעה שתלמידי חכמים יושבים ועוסקים בתורה, מציצין ומביטין ורואין והוגין המון התלמוד הזה - **כסא כבודי היאך הוא עומד. רגל הראשונה במה היא משמשת, שנייה במה היא משמשת, שלישית במה היא משמשת, רביעית במה היא משמשת, חשמל היאך הוא עומד, ובכמה פנים הוא מתהפך בשעה אחת, לאי זה רוח הוא משמש, הברק היאך הוא עומד, כמה פנים של זוהר נראין בין**

כתפיו, לאיזה רוח משמש, כרוב היאך הוא עומד, לאי זה רוח הוא משמש. גדולה מכולם עיון כיסא הכבוד, היאך הוא עומד, עגול הוא כמין מלבן, ומתוקן הוא, כמה גשרים יש בו, כמה הפסק בין גשר לגשר, וכשאני עובר באיזה גשר אני עובר, ובאי זה גשר האופנים עוברים, ובאיזה גשר הגלגלים עוברים. גדולה מכולם מצפורני ועד קודקודי, היאך אני עומד, כמה שיעור בפיסת ידי, וכמה שיעור אצבעות רגלי. גדולה מכולם כיסא כבודי, היאך הוא עומד, לאיזה רוח הוא משמש, באחד בשבת לאיזה רוח הוא משמש, בשני בשבת לאיזה רוח הוא משמש, בשלישי בשבת לאיזה רוח הוא משמש, ברביעי בשבת, בחמישי בשבת, בששי בשבת לאיזה רוח משמשין, וכי לא זהו הדרי, זהו גדולתי, זהו הדר יופי, שבניי מכירין את כבודי במידה הזאת. ועליו אמר דוד - מה רבו מעשיך הוי"ה, כולם בחכמה עשית, מלאה הארץ קנינך. עד כאן לשון המדרש. ממדרש זה לומדים על חובת כל אחד ואחד מישראל את לימוד כל חלקי הפרד"ס, ובעיקר את בחינת הסוד שבתורה, הנקרא[8] מעשה מרכבה, ובמעשה בראשית. ומבאר הרב בית לחם יהודה על השינוי שיש בפסוקים במעמד הר סיני, בפסוק אחד כתוב - ויחן שם **ישראל** תחת ההר. ומספר פסוקים יותר מאוחר כתוב וירא **העם** וינועו מרחק. וידוע כי כאשר כתוב בתורה **ישראל**, מדובר **בבני ישראל**, וכאשר כתוב **העם**, מדובר על **הערב רב**. וז"ל הרב בית לחם יהודה - ובזוהר בהעלותך דף קנ"ב ע"א קרי להעוסקים בחכמת האמת, אינון דהוי קיימי בטורא דסיני. וז"ל - חכמין עבדי דמלכא עלאה אינון דקיימו בטורא דסיני, לא מסתכלי אלא בנשמתא, דאיהי עיקרא דכלא אורייתא ממש וכו'. ונראה בעיני אם מותר, משמע אותן שאינם יודעים סודות התורה לא עמדו על הר סיני, עד כאן לשונו. ונראה לי בביאור כוונתו כי בתחילה כשיצאו ישראל לקראת האלהי"ם, היו מתייצבים בתחתית ההר, ואחר כך נאמר וירא העם וינועו ויעמדו מרחק, כי היו יראים פן תאכלם האש הגדולה הזאת וימיתו. והיה מקצת מהעם שהיו ששים ושמחים לקראת השכינה, ולא רצו לזוז ממקומם הראשון, ולעמוד מרחוק, אפילו אם ימיתו ממש. ועליהם הוא מה שכתב בזוהר הנזכר - אינין דקיימו בטורא דסיני, כלומר ולא נעו ועמדו מרחוק, אלא עמדו בטורא דסיני מתחלה ועד סוף, ולכן הם זוכים לחכמת האמת. ואותם הנשמות אשר נעו עם העם ועמדו מרחוק, כן הם עושים גם עתה, שנסים ועומדים מרחוק לחכמת האמת מיראתם, פן תאכלם האש הגדולה הזאת. ולכן על כל אחד ואחד מבני ישראל הקדושים מחויב לעמוד תחת עץ החיים.

יראיך יראוני וישמחו כי לדברך יחלתי. בספר הזוהר הקדוש מבואר מדוע התפילות של בני ישראל לא נענות, וז"ל תיקוני הזוהר תיקון מ"ג - **בראשית תמן את"ר יב"ש** במלת בראשית יש אותיות את"ר יב"ש, **ודא איהו ונהר יחרב ויבש** היסוד הנקרא נהר יחרב ויבש ממי השפע, ואין לו מה להשפיע למלכות, **בההוא זמנא דאיהו יבש** באותו הזמן שהיסוד הוא יבש, **ואיהי יבשה** המלכות הנקראת יבשה, היא יבשה כי לא מקבלת שפע מהיסוד, אז כאשר **צווחין בניו לתתא** מתפללים וצועקים בני ישראל, **ביחודא ואמרין** וביחוד שאומרים בני ישראל **שמע ישראל** שיבא ז"א הנקרא ישראל להתיחד עם נוקבא בשעת התפילה דעמידה, עם כל זאת **ואין קול** של התפילה או הקריאת שמע שעוזרים לזיווג דזו"ן **ואין עונה** ואין מי שיענה וימלא את הבקשות בתפילתם. **הדא הוא דכתיב** וזהו שכתוב - **אז** בני ישראל יקראוני בני ישראל בעת צרתם בקריאת שמע ובתפילה, **ולא אענה** ואני לא אענה אותם בתפלתם, מפני

<hr>

8   גמרא חגיגה די"א ע"ב

שלא לומדים ומתעסקים בפנימיות התורה. **והכי מאן דגרים דאסתלק** וכל מי שגורם הסלקות פנימיות תורת הקבלה **וחכמתא מאורייתא דבעל פה ומאורייתא דבכתב** מהתורה שבעל פה והתורה שבכתב, **וגרים דלא ישתדלון בהון** וגורמים גם לאחרים שלא יתעסקו וילמדו את חכמת הקבלה, **ואמרין דלא אית אלא פשט באורייתא ובתלמודא** ואומרים שאין בתורה ובתלמוד אלא פשט התורה, בלי פנימיות הסוד, **בודאי כאלו הוא יסלק נביעו מההוא נהר** בודאי נחשב לו כאילו הוא מסתלק את נביעת שפע החכמה והבינה מן היסוד, **ומההוא גן** ומן הנוקבא הנקראת גן, **ווי ליה** לאותו יהודי **טב ליה דלא אתברי בעלמא** טוב לו שלא היה נברא, **ולא יוליף ההיא אורייתא דבכתב ואורייתא דבעל פה** ולא היה לומד תורה שבכתב ותורה שבעל פה, כי דינו כעם הארץ שלא למד כלל, ועוד **דאתחשב ליה כאילו אחזר עלמא לתהו ובהו** שנחשב לו כאילו החזיר את העולם לתהו ובהו, ר"ל לסוד שבירת הכלים לפי שמגביר הקליפות כאשר הנהר והגן יבשים, **וגרים עניותא בעלמא ואורך גלותא** וגורם עניות בעולם ומאריך את הגלות השכינה וביאת המשיח. עד כאן דברי הזוהר הקדוש. וכותב רב חיים ויטאל זלה"ה בהקדמה וז"ל - אמנם שעשועות של הקדוש ברוך הוא בתורה, והיותו בורא בה את העולמו, היתה בהיותו עוסק בתורה בבחינת הנשמה הפנימית שבה, הנקרא - רזי תורה, הנקרא מעשה מרכבה, **היא חכמת הקבלה** כנודע אל היודעים, וטעם הדבר הוא להיותו עולם האצילות העליון מאד, טוב ולא רע, דלא יכיל להתערבא עמיה קליפה, ועליה אתמר - וכבודי לאחר לא אתן, כנזכר בספר התיקונין דף ס"ו תיקון י"ח, וכן בספר הזוהר בפרשת בראשית דף כ"ח ע"א עיין שם. ולכן גם התורה אשר שם]**אח"י** - בעולם האצילות[איננה רק מופשטת מכל לבושי הגופנים, מה שאין כן למטה בעולם היצירה, עולם דמטטרו"ן, הנקרא עבד טוב, והוא הנקרא עץ הדעת טוב מסטרא, ומסטרא דסמא"ל שהוא קליפין דיליה, **נקרא עבד רע**, כי התורה אשר שם, הם שית סדרי משנה **הנקראים שפחה** כנזכר לעיל, וכנזכר בפרשת בראשית שם דף כ"ז ע"א. ולכן נקראת משנה, לפי ששם יש שינויים הפוכים **טוב מסטרא דעבד טוב**, היתר, כשר, טהור. **רע מסטרא דעבד רע**, איסור, טמא, פסול. גם הוא מלשון כי מרדכי היהודי משנה למלך, שהיה שפחה הנקרא עבד מלך, מלך גם נקרא מלשון שינה, כנזכר בפרשת פינחס דף רמ"ד ע"ב - קם זמנא תנינא ואמר, מארי מתניתין נשמתין ורוחין ונפשין דילכון אתערו כען ואעברו שינתא מניכון דאיהו, ודאי משנה אורח פשט, דהאי עלמא ואנא לא אתערנא בכו, אלא ברזין עילאין דעלמא דאתי דאתון בהון, לא ינום ולא יישן. וזה יובן במה שמבואר יותר למעלה שם - **ורבנן דמתניתין ואמוראי, כל תלמודא דלהון על רזין דאורייתא סדרו ליה**. ונמצא כי המשנה והש"ס הם הנקרא גופי תורה. והנה דבריהם כחלום בלי פתרון, **ורזיה וסתריה הפנימים הנקרא נשמת התורה, הם הם פתרון החלום הנפתר בהקיץ**, בסוד - אני ישנה ולבי ער, וכמו[9] שאמרו חכמים ז"ל - **במחשכים הושיבני כמתי עולם, זה תלמוד בבלי**, אשר איננו מאיר אלא על ידי ספר הזוהר, **הם הם רזי תורה וסתריה** אשר עליהם נאמר - ותורה אור. ואין ספק כי כמו שהיצר נקראת עבד ושפחה בערך האצילות, ונקרא קליפין ולבושין דחול, כנזכר בהקדמת ספר התיקונין ד"ג ע"ב וז"ל - וביומי דחול לביש עשר כתות דמלאכיא דמשמשי לעשר ספירות דבריאה. ואם כן אין לתמוה כי התורה אשר שם שהיא המשנה, תהיה נקרא שפחה וקליפין דתורה דאצילות, וזה סוד כל הבשר חציר הנזכר לעיל במאמר הראשון, כי כמו שהחטה שהיא בגימטריא כמנין כ"ב אותיות התורה, הגנוזה תוך

9

סנהדרין דכ"ד ע"א.

כמה קליפין ולבושין שהם הסובין והמורסן והתבן והקש והעשב, הנקרא חציר, כן המשנה אצל סודות התורה נקרא חציר, וזה נרמז בספר הזוהר פרשת כי תצא ברעיא מהמנא דף רע"ה ע"ב - **אצל רבנן ווי לאינון דאכלין תבן דאורייתא, ולא ידעי בסתרי אורייתא, אלא קלין וחמורין דאורייתא, קלין אינון תבן דאורייתא, וחמורין אינון חטה דאורייתא, ח"ו ט ה' אלנא דטוב ורע וכו'**. ואלו באתי להרחיב דרוש זה לא יספיקו מאה קונטרסין בלי ספק בלי שום גוזמא, האמנם החכם עיניו בראשו כי דברי אמת אני אומר, ואל יתמה האדם בראותו ספר הזוהר איך קורא אל המשנה שפחה וקליפין, כי עסק המשנה כפי פשטיה, **אין ספק שהם לבושין וקליפין חיצונים בתכלית אצל סודות התורה הנגנזים**, ונרמזים בפנימיותה כי כל פשטיה הם בעלם הזה בדברים חומרים תחתונים..... על כן על כל בני ישראל לאכול מעץ החיים.

מה אהבתי תורתך כל היום היא שיחתי. ומבאר הרב ז"ל בהקדמה לשער המצות, כי עסק לימוד פנימיות התורה הוא חלק בלתי נפרד מתלמוד תורה, וז"ל - גם בענין עסק התורה שהיא אחת מרמ"ח מצות עשה, אם לא השלים אותה, **שהוא ענין עסקו בפרד"ס התורה**, שהוא ראשי תיבות **פשט** רמז **דרש** סוד, בכל בחינה מהם כפי אשר יוכל להסיג, **עד מקום שידו מגעת**, לטרוח ולעשות לו רב שילמדנו. ואם לא עשה כן, הרי חסר מצוה אחת של תלמוד תורה, שהיא גדולה ושקולה ככל המצות, וצריך **להתגלגל** עד שיטרח הארבעה בחינות של פרד"ס כנזכר. וכן מבאר הרב בית לחם יהודה בהקדמתו הקדושה, וז"ל - ומה מאד נמלצו [**אח**"י - מלשון מליצה] בזה דברי הנביא ירמיה)סימן כ"ב(באומרו - אל תבכו למת וכו'. שהוא מדבר עם הציבור המתקבצים להספיד על איזה צדיק הנפטר רח"ל, על שנחסר צדיק אחד מהדור שהיה מנין בזכותו עליהם. וקאמר להו הנביא אל תבכו וכו', **לפי שרובם של צדיקים אינם זוכים לעסוק בכל ארבעה חלקי הפרד"ס, ואם כן מוכרחים הם לחזור ולבוא בגלגול כדי להשלים לימודם בארבעה חלקים**, כי אפילו הוא עסק בשלוש חלקי הפרד"ס, לא יצא ידי חובתו, ועליו נאמר הן כל אלה יפעל א"ל פעמים שלש עם גבר, להחזירו בגלגול. ואם כן הויא פסידא דהדרא. ואפשר שבו ביום שנפטר הוא חוזר ומתגלגל, כנזכר בזוהר ריש פרשת אמור, יעו"ש. ואם כן אין לכם פסידא כל כך. אמנם בכו בכו להלך, לאותו צדיק שכבר עסק בארבעה חלקי הפרד"ס. כי תיבת להלך היא חסר ו', ואם תחשוב תיבת להלך ארבעה פעמים עם ארבעה הכוללים, שהם כנגד ארבעה חלקי הפרד"ס, הם בגימטריא פרד"ס. **שזה הצדיק לא ישוב עוד וראה את ארץ מולדתו, כי על ארבעה לא אשיבנו.** שזהו פסידא דלא הדרא באמת, ונחסר לגמרי מן העולם הזה, עד כאן לשונו. ולכן חובה על כל אדם לעסוק בכל חלקי הפרד"ס, ובפרט בחלק הסוד, הנקרא פנימיות התורה, כמבואר בזוהר הקדוש כמובא בזוהר הקדוש פרשת נשא דף קכ"ד - **בהאי חבורא דילך דאיהו ספר הזוהר יפקון ביה מן גלותא ברחמי**, בזכות הלימוד בספר הזוהר הקדוש, יצאו בני ישראל מהגלות **ברחמים**. ועוד כל מי שחשקה נפשו ללמוד, אסור למנוע זאת ממנו, בסוד הפסוק[10] - **אל תמנע טוב מבעליו**, ועל כל אדם להיכנס לפרד"ס החיים.

אשרי האיש אשר לא הלך בעצת רשעים ובדרך חטאים לא עמד ובמושב לצים לא ישב. דע כי יהיו הרבה אנשים רשעים, שינסו למנוע מבני ישראל הקדושים ללמוד בכללות תורה, ובפרט

משלי ג' כ"ז – אל תמנע טוב מבעליו בהיות לאל ידך לעשות.

את תורת הקבלה, מכל מיני סיבות ומניעות, והשטן מדבר מגרונם של אלו הרשעים. ואלו דברי קודשו של בעל שבט מוסר רבינו אליהו הכהן האתמרי זצלה"ה - ובהביטך בן אדם מה שעבר על אחרים למה תרדוף אתה אחר כל אלה הדברים הזרים, להשביע נפש מרורים ולמוסרה ביד צרים המה המקטרגים הצוררים, ולמה לא תחמול על נפשך ועל נועם תבנית צלם גופך למוסרו בידן ולהשליכו בתוך גחלי רתמים בטיט היון של גיהנם, להשחירו ולהתיכו כאשר ניתך הזפת בפני האש, אשר על כן תן עצה אתה בנפשך **לברור בדרך החיים בעסק התורה והמצות**, וגם להצטער עצמך זמן קצוב הם חיי עולם הזה, כדי שתתענג זמן רב בלתי סוף ותכלית, ואל יעלה על דעתך כאשר עלה על בדעת הרבה שנאבדו בידם באומרם כיון שמכיר אני בעצמי שאין בדעתי להבין ולהשכיל, איני עוסק בתורה, טועה הוא בדבר, שהרי הוא מחוייב לעשות מה שנצטוה לעשות, ואם יבין יבין, **שהרי והגית בו יומם ולילה כתיב** ולא כתיב ותבין בו, וכן תמצא בדברי התנא אם למדת תורה הרבה נותנין לך שכר הרבה, ואינו אומר אם הבנת הרבה, אלא למדת אמרו, ותשתדל להבין ואם תבין תבין, ואם לא שכר לימודך בידך, וכמאמר התנא לפום צערא אגרא, ומה גם שאמרו האדם איני לומד מפני שאיני מבין, **הוא פיתוי היצר**, יתמיד בלימודו וסוף הבינה לבא, שבראות קדוש ברוך הוא **חשקו בתורתו ודבקותו בה, פותח לו מעייני החכמה**, דכתיב - כי הוי"ה יתן חכמה מפיו דעת ותבונה. והנני מוסר לך דבר אשר תרדוף אחריה, ויהיה חיים לנפשך וענקים לגרגרותיך, **לעולם יהיה עיקר לימודך בדבר של תורה שליבך חפץ יותר**, אם בגמרא גמרא, ואם בדרוש דרוש, ואם ברמז רמז, **ואם בקבלה קבלה**, ורמז לדבר כי אם בתורת הוי"ה חפצו, כלומר תורת הוי"ה תלויה בדבר שלבו חפץ לעסוק, וכמו שמבאר האר"י זלה"ה בספר דרושי הנשמות והגלגולים פרק שלישי, וז"ל - יש בני אדם שכל חפצם ועסקם בפשטי התורה, ויש שעסקם בדרוש, ויש ברמז, ויש גם כן בגימטריות, **ויש בדרך האמת**, הכל כפי מה שעליו נתגלגל בפעם ההוא, כיון שהשלים פעם אחרת בשאר העניינים, אין צורך לו שבכל גלגול יעסוק בכולם, עד כאן לשונו. **ואל תביט ותשגיח לדברי המתנגדים על מה שחשקת לעסוק בתורה** בגמרא או בפשט או בדרוש וכו', באומרם לך למה אתה מוציא כל ימיך בפרט זה של תורה ולא בפרט זה, משום שעל מה שחשקת ללמוד, על דבר זה באת לעולם, ואם תשים דעתך לדבריהם, יכריחוך להתגלגל בזה העולם פעם אחרת ולעבור נפשך בחרב חדה של מלאך המות ולטעום טעם מיתה, ולכן לא תשמע לדברי המשחית נפשך, **כי דע שהשטן מתלבש באלו האנשים לדאוג ולהצטער ולהכאיב נפש הלומד ועוסק בתורה**, בחלק שאָוְתָה נפשו לעסוק, כדי להבדילו משם שלא ישלים נפשו, על מה שבא להשלימה, ולהכריחו גלגולים אחרים, וכשם שבדבר שחושק יותר האדם ללמוד, משם יבין שעל דבר זה נתגלגל להשלים, כך צריך האדם שידע שורש נשמתו ומהיכן נמשך ועל מה בא לתקן ולהשלים, כמו שאמר בזוהר שיר השירים על הגידה לי את שאהבה נפשי וכו'. **וכדי שיבין יראה באיזה מצוה תקיף יצרו יותר לבטלה יתחזק בה לקיימה, כי בודאי על מצוה זו נתגלגל**, וכדי שלא ישלים חוקו מנגדו יצרו לבטלה להוציאו מן העולם בידים ריקניות... ולכן לא תשמע לדברי רשעים אלו, אלא תשמע לדברי חיים.

חבר אני לכל אשר יראוך ולשמרי פקודיך. בסוף[11] עץ חיים מובא מספר כללים למהרח"ו, וז"ל - להאר"י זלה"ה. הרמב"ן וחבריו ודברי ראשונים כמו רבי נחוניא בן הקנה לא הזכירו

---

[11] **ע"ח ח"ב דק"ט ע"א.**

רק עשר ספירות, ולא גילו עניני פרצוף כלל. **ודע שהרמב"ן והראשונים היו יודעים בפרצוף**, אלא שדברו בהעלם גדול, לרוב הגלות שלא ניתן רשות לגלות, ולהתפשט האורות הגדולים, מאחר שגברו הקליפות, וכל זר לא יאכל קדש. **אמנם בעקבות משיחא כמו בדורינו זה התחילו האורות להתפשט להיות כבראשונה**, כמו שהיה בזמן העולם מתוקן ולהתתקן מעט. ומתחלה היו האורות סתומים, היה העולם מקולקל, וכל מה שנתקלקל נסתם בגלות, ולא היו משיגין אלא עשר ספירות בסתום, בסוד הנקודות, כל אחד כלול מעשר, ובענין הפרצופים לא נתגלה להם כלל, לפי שמצאו בדברי הראשונים סתומים, ולא ידעו עומק הדברים, וחשבו שכך הוא ודברו בעשר ספירות כל אחד כלול מעשר ובחינות הרבה, ולפי שראיתי מי שחולק על דברים אלו לאמור שלא מצינו אלא עשר ספירות, ומהיכן יש לשלוט כח לאמור כמה פרצופים שנמצא יותר מעשר ספירות, ומספר רב והלא הראשונים כתבו בספר יצירה - עשר ולא תשע, עשר ולא י"א, לזה באתי לפתוח לך כחודא דמחטא, אולי תזכה להבין מקצת, וכולו לא תשורנו עין, וזה. ובהקדמתו[12] הקדושה כותב הרב ז"ל - והנה אין בכל דור ודור שלא נמצאו בו אנשים יחידי סגולה ששרתה עליהם רוח הקודש, והיה אליהו הנביא ז"ל נגלה עליהם, **ומלמד אותם סתרי החכמה הזאת**, וכמו שנמצא כתוב בספרי המקובלים, גם בעל ספר הרקנטי כתב בפרשת נשא בפרשת ברכת כהנים..... ואנשי לבב שמעו לי, אל יהרסו אל הוי"ה, **לראות בספרי האחרונים הבנויים על פי השכל האנושי**, ושומע לי ישכון בטח ושאנן מפחד רעה. ולכן אני הכותב הצעיר חיים וויטאל, רציתי לזכות את הרבים **בהעלם נמרץ והמשכילים יבינו**, וקראתי שם החבור הזה על שמי **ספר עץ חיים**, וגם על שם החכמה הזאת העצומה, חכמת הזוהר, הנקרא עץ חיים, ולא עץ הדעת כנזכר לעיל, בעבור כי בחכמה הזאת טועמיה חיים זכו, ויזכו לארצות החיים הנצחיים, **ומעץ החיים הזה ממנו תאכל, ואכל וחי לעולם**. ואשכילך ואורך דרך זו תלך דע מן היום אשר מורי זלה"ה החל לגלות זאת החכמה, **לא זזה ידי מתוך ידו אפילו רגע אחד**, וכל אשר תמצא כתוב באיזה קונטריסים על שמו ז"ל, ויהיה מנגד מה שכתבתי בספר הזה, **טעות גמור הוא, כי לא הבינו דבריו, ואם יש בהם איזה תוספות שאינו חולק עם ספרינו זה, אל תשית לבך בקבע אליו, כי שום אחד מהשומעים את דברי קדשו, לא** ירדו לעומק דבריו וכוונתו, **ולא הבינום**, בלי שום ספק. ואם יעלה בדעתך לחשוב שתוכל לברור הטוב ולהניח הרע, אל בינתך אל תשען, כי אין הדברים האלו מסורים אל לב האדם כפי שכל אנושי, והסברא בהם סכנה עצומה, ויחשב בכלל קוצץ בנטיעות חס ושלום, לכן הזהרתיך ואל תסתכל בשום קונטרסים הנכתבים בשם מורי זלה"ה, זולתי במה שכתבנו לך בספר הזה, **ודי לך בהתראה זאת**, אלו הם דברי קודשו. ועלינו ללמוד אך ורק בתורת מורינו חיים.

אני קראתיך כי תעני אל הט אזנך לי שמע אמרתי. עוד כתב הרב ז"ל בהקדמתו תנאים כדי לזכות לחכמה הקדושה הזאת, וז"ל - אני הכותב משביע בשמו הגדול יתברך, לכל מי שיפלו הקונרטסים אלו לידו, שיקרא הקדמה זאת, ואם אותה נפשו לבוא בחדרת החכמה זאת, יקבל עליו לגמור ולקיים כל מה שאכתוב ויעיד עליו יוצר בראשית, שלא יבוא אליו היזק בגופו ונפשו, ובכל אשר לו, ולא לאחרים. תחת רודפו טוב והבא לטהר ולקרב. **ראשית הכל יראת הוי"ה, להשיג יראת העונש, כי יראת הרוממות, שהוא יראה הפנימית, לא** ישיגוהו רק

ע"ח ד"ד ע"ב.

מתוך גדלות החכמה, ועיקר מגמתו בידיעה הזה יהיה לבער קוצים מן הכרם, כי לכן נקראים העוסקים בחכמה הזאת מחצדי חקלא. **ובודאי שיתעוררו הקליפות נגדו לפתותו ולהחטיאו, לכן יזהר שלא לבוא לידי חטא אפילו שוגג**, שלא יהיה להם שייכות בו, לכן צריך ליזהר מהקלות, כי הקדוש ברוך הוא מדרדק עם הצדיקים כחוט השערה, לכן צריך לפרוש עצמו מבשר ויין כל ימות השבוע, **וצריך הזהרת סור מרע ועשה טוב**, ובקש שלום. בקש שלום צריך להיות רודף שלום, ולא להקפיד בביתו על דבר קטן וגדול, וכל שכן שלא יכעוס ח"ו.

<u>וצריך להתרחק בתכלית הריחוק סור מרע.</u>

א. ליזהר בכל דקדוקי מצות, ואפילו בדברי חכמים, שהם בכלל לא תסור.

ב. לתקן המעוות קודם שיבא לעולם הבא.

ג. יזהר מהכעס, אפילו בשעה שמוכיח את בניו, לא יכעוס כלל ועיקר.

ד. גם צריך ליזהר מהגאוה, ובפרט בענין הלכה, כי גדול כחה והגאוה, בזה עון פלילי.

ה. בכל צער שיבא לו, יפשפש במעשיו ויישוב אל הוי"ה.

ו. גם יטבול בעת הצורך לו.

ז. גם יקדש את עצמו בתשמיש המטה שלא יהנה.

ח. שלא יעבור כל לילה ויחשוב בכל לילה מה שעשה ביום, ויתודה.

ט. גם ימעט בעסקיו ואם אין לו פרנסה כי אם על ידי משא ומתן, יכין יום שלישי ויום רביעי, מחצי היום ואילך, ובכוונה שהוא לעבודת קונו.

י. כל דבור שאינו של מצוה והכרחי, יהיה זהיר ממנו, ואפילו דבר מצוה ימנע בשעת התפלה.

<u>ועשה טוב</u>

א. לקום בחצי הלילה, ולעשות הסדר בשק ואפר ובכי גדול, ובכוונה כל אשר יוציא בשפתיו. ואחר כך יעסוק בתורה כל זמן שיוכל להיות בלי שינה, ובלבד שחצי שעה קודם עלות השחר יתעורר לעסוק בתורה.

ב. ילך לבית הכנסת קודם עלות השחר, קודם חיוב טלית ותפילין, להיזהר שיהיה מעשרה ראשונים.

ג. קודם שיכנס, ישים אל לבו מצות עשה ואהבת לרעך כמוך, ואחר כך יכנס.

ד. להשלים רמז צדיק בכל יום. שהוא צ' אמנים, ד' קדושות, י' קדישים, ק' ברכות.

ה. שלא להסיח דעתו מהתפילין בעת התפילה, זולת בעת העמידה ועסק התורה.

ו. צריך שיהיה עוסק בתורה, מעוטף בטלית ותפילין.

ז. לכוין בתפלה הכוונות, כמו שנבאר בע"ה.

ח. שישים תמיד נגד עיניו שם בן ארבעה אותיות הוי"ה, ויזדעזע ממנו, כמו שכתוב - שויתי הוי"ה לנגדי תמיד.

ט. שיכוין בכל הברכות, בפרט בברכת הנהנין.

י. צריך שיהיה עמל בתורה פרד"ס, שנאמר או יחזיק במעוזי, ואל יחשוב שיגלו לו רזי התורה בהיותו ריק, כדכתיב - יהב חכמתא לחכימין, וצריך ליזהר שלא יוציא בשפתיו בחכמה זו, מה שלא שמע מאדם שראוי לסמוך עליו, וכאזהרת רשב"י וחבריו. השגת החכמה תנאי הראשון, צריך למעט דבורו, ולשתוק, כל מה שיוכל כדי שלא להוציא שיחה בטילה, כמאמר רז"ל - סייג לחכמה שתיקה. גם תנאי אחר, על כל דבר תורה שלא תבינהו, תבכה עליו כל מה שתוכל.

גם עלית הנשמה בלילה לעולם העליון, שלא תשוט בהבלי העולם, תלוי שתישן בבכיה. ומרת עצבות מגונה עד מאוד, ובפרט להשיג חכמה, והשגה אין לך דבר מונע השגה יותר מזה. גם בענין השגת האדם, אין לך דבר שמועיל כמו הטהרה והטבילה, שיהיה האדם טהור, בכל עת ומורי זלה"ה עם היות שהיה לו חולי השבר שהקור מזיק לו, עם כל זה לא היה מונע מלטבול בכל עת, עד כאן דברי קודשו. ועלינו לקיים את בקשת הרב ז"ל את הבחינות של[13] סור מרע ועשה טוב, כדי לטפס בעץ החיים.

מרן הרש"ש מעיד[14] על עצמו, וז"ל - וראיתי מה שכתבו מעלת כבוד תורתם, על ענין עבודת הוי"ה שקצרתי במקום שהיה ראוי להרחיב מעט הדיבור, אמת הוא כי לכתחילה קצרתי בו, **יען ראיתי כמה מהנזק יצא ממה שכתבו בזה המקובלים שקדמו, כי רבים חללים הפילו, וחלול כבוד הוי"ה, וכבוד התורה. הוי"ה יכפר בעדם, כי כל דבריהם לא על פי התורה הם, ואינם מיוסדים על האמת, ומהם יצאו אבות, ומאבות תולדות הריסת יסודי התורה ח"ו**, הוי"ה יכפר. **וכל זה לא שלמדתי בדבריהם ח"ו**, אלא שפעם אחת הוכרחתי בעל כרחי לעיין בדף אחד שכתוב בו קצור מה שכתבו בענין זה, **וכמעט שקרעתי בגדי לראות דברים אשר לא כן על הוי"ה.** הוי"ה יכפר, וכבר מילתי אמורה להם, **כי עידי בשמים כי כל עסקי ולמודי, אינו רק בדברי האר"י זלה"ה, ותלמידו מהרח"ו ז"ל לבדם, ובלעדם אין לי עסק בשום ספר מספרי המקובלים ראשונים ואחרונים, ואפילו בדברי שאר תלמידי האר"י ז"ל לא למדתי, וכשיזדמן לפני דבר מדבריהם, אני מדלגו.** כי על כן איני כמזהיר, אלא כמזכיר, למען הוי"ה אל יהי לכם מגע יד בדבריהם, ובפרט בענין זה, השמרו לכם פן יפתה לבבכם, **אלא כל לימודם לא יהיה אלא בעץ חיים ובספר מבוא שערים ובשמונה שערים המפורסמים**, שכולם דברי אלהי"ם חיים. ואני קצרתי בענין זה מה שאפשר, כי יראתי פן יפלו דפים אלו ביד מי שעדיין לא למד דברי האר"י ז"ל כראוי, **ויחשידני שלמדתי בספרים אחרים, ולא כן הוא כאמור**, ולכן קצרתי בו, ופיזרתי בהקדמה, עד כאן דברי קודשו של מרן הרש"ש. ואנחנו תפילה שיתגלה משיח צדיקנו במהרה בימינו, ומלאה[15] הארץ דעה את הוי"ה כמים לים מכסים, דעת תורת החיים.

---

[13]

תהלים ל"ד ט"ו – סור מרע ועשה טוב בקש שלום ורדפהו.

[14]

נהר שלום דף ל"ד ע"א.

[15]

ישעיהו י"א ט' – לא ירעו ולא ישחיתו בכל הר קדשי כי מלאה הארץ דעה את הוי"ה כמים לים מכסים.

כתב רבינו גאון הקבלה רבי אליהו מני, רבו של הרי"ח הטוב, רבי יוסף חיים בעל הספר "בן איש חי", בספרו הקדוש **כסא אליהו** כי על הלומד ללמוד כל מאמר ומאמר ארבעה חמשה פעמים בלי המפרשים, וינסה להבין את המאמר בעצמו. ואחר כך ילך לראות אם כיוון לדעת המפרשים.

וכן אני הקטן מבקש בכל לשון של בקשה, ללמוד את הדרוש כמו שהוא מובא בספר עץ חיים, ארבעה חמישה פעמים, כדי לנסות להבין את הדרוש. וכל דרוש מובא בתחילת הספר במלואו.

אחר כך יכנס ללמוד את הדרוש עם ביאור הדברים, עוד ארבעה חמישה פעמים, ואחר כך יראה את המקורות להגהות, ודברי רבותינו הקדושים, עם התרשימים וטבלאות.

ואז יעלה ויצליח בלימוד תורת האר"י הח"י.

כתב רבינו **השד"ה** רבי שאול דוויק הכהן, בהקדמת ספרו איפה שלימה, על אוצרות חיים וז"ל - וכדי שיוכל לעלות לימודו למעלה, ריח ניחוח לה'. קודם כל לימוד ימסור עצמו על קדושת ה', כי זה מועיל מאוד, כמו שכתוב בשער הכוונות דף כ"ד ע"ב, כי עתה בזמנינו בעונותינו הרבים אין יכולת לעשות זווג כתיקונו למעלה, ולסיבה זו הקץ מתארך וכו'. אמנם עם כל זה יש קצת תיקון במה שנמסור נפשינו על קידוש ה' בכל הלב, כי על ידי כן אפילו אין בנו שום מעשים טובים, והרשענו עד להפליא. הנה על ידי מסירת נפשינו להריגה, מתכפרים עונותינו כולם, ויש בנו יכולת לעלות עד אימא עילאה, כמו שאמרו חז"ל - גדולה תשובה שמגעת עד כסא הכבוד, שנאמר - שובה ישראל עד ה' וכו', עד כאן דבריו.

וזה הסדר

יקבל עליו ארבע מיתות בית דין, מארבעה אותיות הוי"ה וארבעה אותיות אדנ"י, וליחדם על ידי ארבעה אותיות אהי"ה ועל ידי עסמ"ב

סקילה י א וליחדם על ידי א		יוד הֹי ויו הֹי
שרפה ה ד וליחדם על ידי ה		יוד הֹי ואו הֹי
הרג ו נֹ וליחדם על ידי י		יוד הֹא ואו הֹא
וחנק ה י וליחדם על ידי ה		יוד הֹה וו הֹה

לְשֵׁם יְזוּד
קֻדְשָׁא בְּרִיךְ הוּא וּשְׁכִינְתֵּהּ

יאהדונהי

בִּדְזִזילוּ וּרְזִזִימוּ   וּרְזִזִימוּ וּדְזִזִילוּ

יאההויהה   איההויההה

לְיַזֲדָא אוֹתִיּוֹת י"ה בּוּ"ה, בְּיִזּוּדָא שְׁלִים

יהו"ה

בְּשֵׁם כָּל יִשְׂרָאֵל, לְאַקָמָא שְׁכִינְתָּא מֵעַפְרָא, הָרֵינִי לוֹמֵד בַּסֵפֶר קַבָּלָה פְּלוֹנִי שֶׁהוּא כְּנֶגֶד תִּפְאֶרֶת דְז"א בָּעוֹלָם הָאֲצִילוּת שֶׁבּוּ שֵׁם מ"ה כָּזֶה יוֹ"ד הֵ"א וָא"ו הֵ"א לַעֲשׂוֹת מֶרְכָּבָה. וִיהִי רָצוֹן מִלְפָנֶיךָ ה' אֱלֹהֵינוּ וֵאלֹהֵי אֲבוֹתֵינוּ שֶׁתְּזַכֵּךְ רוּזֵננוּ וּנְפָשֵׁינוּ שֶׁיְהִי רָאוּיִם לְעוֹרֵר מֵיִן תַּתָאִין עַל יְדֵי קְרִיאַת סֵפֶר הַקַבָּלָה הַזֹאת. וִיהִי נֹעַם יְהֹוָה אֱלֹהֵינוּ עָלֵינוּ וּמַעֲשֵׂה יָדֵינוּ כּוֹנְנָה עָלֵינוּ וּמַעֲשֵׂה יָדֵינוּ כּוֹנְנֵהוּ.

בָּרוּךְ ה' לְעוֹלָם אָמֵן וְאָמֵן, נֶצַח, סֶלָה, וָעֶד.

<u>שער א' ענף ג'</u>

מ"ק עוד צריכים אנו להודיעך בענין אלו הב' בחי' שהם עגולים והיושר בציור אדם. כי הנה יש באדם
התחתון ה' בחי' חורות (שהם הנרנח"י) והם (ה' מעלות) זו למעלה מזו והם סוד ה"פ ברכי נפשי את כו'
כנז' במסכת ברכות פ"ק שהם כנגד ה' בחי' שיש לנשמה והם נרנח"י שהם ה' מדרגות זו למעלה מזו
כמ"ש במ"א בענין חורות הפה דמ"ק הנק' עקולים ע"ש. והנה בחי' הי"ס דעגולים כולם יש בהם כל
הבחי' הנ"ל שהם חורות וכלים והאחור נחלק לחו"פ ואו"מ הכלי נחלק לחיצוניות ופנימיות וכן בחי' יי"ס
דיושר בציור אדם יש בו כל הבחי' האלו בעצמם ג"כ. אמנם החילוק שיש בין העגולים להיושר הוא כי
יי"ס דעגולים הם בחי' האחור הנק' נפש ויש בהם אור פנימי ואו"מ פנימי וחיצון ויש לה בחי' יי"ס של
כלים ובכל כלי מהם יש בו פנימיות וחיצוניות וגם יש יי"ס של חורות לכל אור יש בו חו"פ ואו"מ אבל
הי"ס דיושר הם בחי' האחור הנק' רוח שהוא מדרגה גבוה על מדרגת הנפש כנודע גם הם כלולים מחו"פ
ואו"מ. גם יש להם יי"ס דכלים ובכל כלי מהם יש בו פנימיות וחיצוניות ופשיטא הוא שבחי' הנפש
נאצלה תחלה ואח"כ נאצל הרוח שהוא מדרגה יותר עליונה כנודע באדם התחתון שבתחלה קונה נפש
ואח"כ זכה יתיר יהבין ליה רוח כנז' בזוהר משפטים דל"ד וז"ל ת"ח ב"נ כד איתיליד יהבין ליה נפשא
וכו' וכן היה באדם העליון שבתחלה נאצלו ונתגלו בחינת העגולים שהם בחי' מדרגות הנפש והכלים
שלהם ואח"כ נאצלו בחי' ב' דיושר בציור אדם שהם מדרגות חורות רוח והכלים שלהם כנודע כי הרוח
נק' אדם והבן זה מאד. ודבר זה היה בכל העולמות כולם כי בכל בחי' ובחי' מהם בתחי' נאצל הי"ס
שלהם בבחי' העגולים של הבחי' ההוא ואח"כ נאצלו הי"ס דיושר של הבחי' ההיא. אמנם ההפרש בין
הכלים של נפש והכלים של הרוח כבר נודע כי אבר הכבד הוא משכן להאחור הנק' נפש וסימן לדבר כי
הדם שהוא כבד שמלא דם הוא הנפש ואבר הלב משכן לרוח ואבר המוח משכן להאחור הנקרא נשמה
ואין זה מקום ביאור לדברים אלו. והנה עם הקדמה שהקדמנו לך בענף זה יתבאר כ"א וא' במקומו
הראוי לו באורך ובפרטות. הכלל העולה כי התחלת האציל' בזה האופן הנז' כי תחלה נאצלו יי"ס בבחי'
עגולים והם י' כלים ובכל כלי מהם יש בו פנימיות וחיצון ובתוך הי' כלים אלו נתלבשו יי"ס עצמות
האורות הנק' נפש. ועוד יש י' חורות מקיפים על הכלים מבחוץ וגם הם בחינת נפש אלא שנקרא חורות
מקיפים מבחוץ והאחרים נקראים חורות פנימית והכל הוא בבחי' עגולים כי אור פנימי הוא כעין גלגל
והוא מתלבש תוך כלי א' מעוגל גם הוא ועל הכלי הזה יש אור מקיף עליו בעיגול כדמיון הגלגל סביב
לו. וכל הי"ס דעגולים הם עד"ז כתמונת הגלגלים והרקיעים הנק' מופנים והם הרקיעים שעלינו
בעוה"ז השפל ואח"כ נאצלו יי"ס בבחינת יושר כמראה אדם והם יותר מעולים במעלה מן העגולים כי
הם בחי' רוח והם י' כלים בציור אדם א' כולל כל י' כלים ובכל כלי מהם יש בו פנימיות וחיצוניות
ובתוך הכלים האלה מתלבשים יי"ס בבחי' העצמות חורות הנק' רוח ועוד יש י' חורות אחרים המקיפים
על הכלים מבחוץ וגם הם מבחי' רוח והכל הוא בדרך יושר עשוי כמראה אדם הנ"ל ועד"ז בכל
העולמות הנאצלים והנבראים והיצורים והנעשים אשר נתקנו תוך המקום החלל והאויר הפנוי כנ"ל כי
במקום הזה נתהוו כל העולמות כולם אין דבר חולה לו ואור אח"ס מקיף וסובב עליהם ומאיר לכל
העולמות אשר בתוך המקום הזה מכל לדדיהם בהשוואה א'. מלבד מה שמאיר בהם עיקר האורה
האמיתית גדולה וממשי' דרך קו המתפשט ממנו ונמשך בתוך כל העולמות האלו כנ"ל וכל עולם ועולם
מהם וכל פרט ופרט שבכל עולם ועולם יש בו ב' בחי' הנ"ל שהם העגולים והיושר. והעגולים הם
בבחי' א' כי המעולה מחבירו סובב ומקיף על חבירו והעגולים היותר פנימים תוכניים מכולם הם
היותר גרועים מכולם הלא המה הרקיעים והגלגלים הסובבים על עולם השפל הם נתונים תוך כל
העגולים באמצע כולם אבל היושר הוא להפך כי היותר פנימי הוא עליון ומעולה מכולם וחיצון שבכולם
הוא יותר גרוע מכולם אבל היושר זה מלביש לזה וזה לזה עד שהגרוע שבכולם הוא מלביש לכולם והבן כל

זה היטב. והנה אחר שהגענו לך הקדמות הנ"ל תוכל להבין עתה ענין סיבת טורך הצמצום אשר צמצם האח"ס א"ע באמצעית האור שלו להניח מקום חלל וריק כנ"ל בענף ב'. והענין הוא כדי לעשות בחי' כלים כי ע"י צמצום האור ומעוטו יש אפשרות אל הכלי להתהוות ולהתגלות ובהתרבות האור יתבטל הכלי ממעוט כחו לקבל האור הרב והגדול כמ"ש בענין ז' מלכי אדום והם הנקרא עולם הנקודים איך מלכו ומתו ע"ש היטב איך היה בחי' בריאת והויות הכלים כי בתחלה צריך למצום האור ומעוטו ועי"כ יתגלה הויות הכלי ואחר שכבר נתגלה ונתהוה אז חזר האור להמשך בו ויכול הכלי להתקיים ולא ליבטל. וכן היה כאן כי צמצם בראשונה את האור ונתהוו הכלים ואח"כ חזר והמשיך הקו הנ"ל להאיר בהם. ובזה יתבאר טעם למה אח"ס צמצם עצמו וסילק האור הרב ההוא מן המקום ההוא לגמרי ואח"כ החזירו במדה ובמשקל דרך הקו ההוא והיה יכול להניח מותו בחי' הקו ההוא במקומו ויסלק שאר האור הגדול בלבד כיון שהוא עתיד להחזירו אבל הטעם היה לסיבה הנ"ל כי לא יכלו להתהוות הכלים עד שיסתלק האור לגמרי ואחר שנתהוו הכלים חזר והמשיך האור (דרך הקו) במדה ובמשקל כפי שיעור המספיק להם להאירם להחיותן באופן שיוכלו לסבול ויתקיימו ולא יתבטלו ודי בזה.

עָנָף ג'

דרוש זה מקורו מספר אדם ישר וצריך לכתוב מ"ב בראש הדרוש.

בפרק זה יש לרב ז"ל יש עוד חידושים לגלות לנו על בחינות של עיגולים ויושר. כאן בתחילה מבאר הרב ז"ל את חמשה הבחינות דנשמה, שהם[16] כנגד חמשה העולמות א"ק אבי"ע, או חמשה הפרצופים הכוללים שהם א"א או"א וזו"ן. בחינות אלו דנשמה רמז אותם[17] דוד המלך בספר תהלים. ושמותם[18] מבוארים במדרשים ובזוהר הקדוש. ונקראים בכתבי הרב ז"ל נרנח"י, והם ראשי תיבות של נפש[19], רוח[20], נשמה[21], חיה[22], יחידה[23]. הבחינות[24] דנפש רוח נשמה מתלבשים בכל פרצוף או שיעור קומה, כאשר[25] באדם[26] התחתון או בכל פרצוף ושיעור קומה הנפש שוכנת בכבד, הרוח שוכנת בלב, והנשמה שוכנת במוח, ובחינות[27] חיה ויחידה הם בחינות מקיפין על פרצוף או השיעור קומה.

16

תרשים ג – א.

17

תהילים ק"ג א' – לדוד ברכי **נפשי** את הוי"ה וכל קרבי את שם קדשו.

תהילים ק"ג ב' – ברכי **נפשי** את הוי"ה ואל תשכחי כל גמוליו.

תהילים ק"ג כ"ב – ברכו הוי"ה כל מעשיו בכל מקמות ממשלתו ברכי **נפשי** את הוי"ה.

תהילים ק"ד א' – ברכי **נפשי** את הוי"ה, הוי"ה אלה"י גדלת מאד הוד והדר לבשת.

תהילים ק"ד ל"ה – יתמו חטאים מן הארץ ורשעים עוד אינם ברכי **נפשי** את הוי"ה הללו י"ה.

18

מדרש רבה, בראשית י"ד ט' – חמשה שמות נקראו לה - נפש, רוח, נשמה, יחידה, חיה. **נפש**, זה הדם, שנאמר - כי הדם הוא הנפש. **רוח**, שהיא עולה ויורדת, שנאמר - מי יודע רוח בני האדם העולה היא למעלה. **נשמה**, זו האופיה, דברייתא אמרין האופיתא טבא. **חיה**, שכל האברים מתים והיא חיה בגוף. **יחידה**, שכל האברים משנים שנים והיא יחידה בגוף, הדא הוא דכתיב - אם ישים אליו לבו רוחו ונשמתו אליו יאסוף.

19

ויקרא י"ז י"א – כי **נפש** הבשר בדם הוא ואני נתתיו לכם על המזבח לכפר על נפשתיכם כי הדם הוא בנפש יכפר.

20

קהלת י"ב ז' – וישב העפר על הארץ כשהיה והרוח תשוב אל האלהי"ם אשר נתנה.

21

תהילים ק"נ ו' – כל הנשמה תהלל י"ה הללו י"ה.

22

בראשית ב' ז' – וייצר הוי"ה אלהי"ם את האדם עפר מן האדמה ויפח באפיו נשמת חיים ויהי האדם לנפש **חיה**.

23

תהילים כ"ב כ"א – הצילה מחרב נפשי מיד כלב **יחידתי**.

24

ע"ח ח"ב שכ"ו פ"ב מ"ב דט"ו ע"ב – והנה שלוש כלים הראשונים שהם נר"ן, הם דוגמת גוף האדם, והם שלוש בחינות חיצון אמצעי ופנימי, והם **מוח לב כבד**. והמוח מתפשט בבחינת גידין. ועליו מלביש הלב ומתפשט בבחינת העורקים הדופקים. ועליו מלביש הכבד ומתפשט בבחינת ורידים של דם, ובאלו השלוש מתלבשים נר"ן, שהם העצמות.

25

17

לא גורסים **מ"ק** אלא צריך לגרוס מ"ב•

עֹוֹד צריכים אנו להודיעֽך בעֽנֽין אלו השֽתי בֽזֽינֽות שֽהֽם עולמות הֽעֲגֹוּלים,
וֽעולמות הֽיֹוֹשֽר שהם בֽצֽיור אדֽם. כי הֽנֹה יש בֽאֽדֽם הֽתֽזֽתֹוֹן זֽמֽשֽה בֽזֽינֽות
שֽל[28] הֽאֹוֹרֽות (צריך לגרוס שֽֽהֽם הֽנֽרֽנֽזֹ"י), וֽהֽם[29] (צריך לגרוס זֽֽמֽשֽה מֽעֽלֽות) זֽו
לֽמֽעֽלֽה מֽזֹו וֽכֹל[30] בֽחֽינֽה וּבֽחֽינֽה דֽנֽרֽנֽח"י כֹולֽלֽת אֽת כֹל הֽבֽחֽינות דֽנֽרֽנֽח"י, שֽגם הם כֹוללים כֹל אֽחֽד נֽרֽנֽח"י,
פֽרֽטים[31] וֽפֽרֽטי פֽרֽטים עד אֽין קֽץ של בֽחֽינֽות, **וֽהֽם סֹוּד זֽמֽשֽֽה פֽֽעֽמֽים** שֽדֽוד הֽמֽלֽך כֽתֽב **בֽרֽכֽי**

ע"ח ח"ב שמ"א פ"א מ"ב דפ"ו ע"ג – דע כי בכל פרצוף ופרצוף שבכל עולם יש בו פנימיות, והם חמשה
חלקי נרנח"י. וחוצה להם יש שלוש בחינות כלים, והוא חיצוניות אשר הפנימיות הנזכר לעיל מתלבש בו.
ואמנם אין החיצוניות רק אל שלוש חלקי הפנימיות, **והם שלוש כלים לנפש רוח נשמה, כי החיה והיחידה
אין כנגדן כלים.** ואלו השלוש כלים הם **בשר גידין ועצמות**, ומחיבור שלשתן נקרא גוף אחד כנודע, כי אין
אבר אלא בסוד בשר גידין ועצמות. ויש שלוש כלים יותר פנימים מאלו, והם שרשי שלוש כלים האלו, והם
הכבד שבו שורה הנפש בעצם, ומשם מתפשט בבשר. **והלב בו שורה הרוח**, ומשם מתפשט בגידין הדופקין
כנודע. **והמוח בו שורה הנשמה**, ומשם מתפשט בעצמות וגידין הלבנים, שהם מכלל העצמות, שהם החבלים
שבהם נקשרים העצמות כנודע.
26

תרשים ג – ב.
27

ע"ח ש"ו פ"ה מ"ק דכ"ז ע"ד – בכל בחינה ובחינה יש ארבעה מציאות, שהם **אחד** כלים. **שני** נר"ן
פנימים. **שלישי** חיה מקיף. **רביעי** יחידה מקיף אל מקיף. ושתי בחינות אלו האחרונים, **האחד נקרא חיה,
שהוא מקיף ראשון**, ונקרא נשמה לנשמה, והוא מן החכמה, בסוד והחכמה תחיה את בעליה. וכן חיי"ם
גימטריא חכ"ם. **והשני שהוא מקיף השני נקרא יחידה**, והוא מן הכתר, לפי שאין נוקבא לאריך, כמו שיש
לשאר, לכן נקרא יחידה ואין שני. דעליה אתמר - כי אחד קראתיו וגו'.
28

אח"י)כלל(– אורות או עצמות הם שם נרדף לבחינות דנשמה.
29

בית לחם יהודה ש"א פ"ג ד'"ג ע"ג – והם סוד חמשה פעמים ברכי נפשי. ג' במזמור ק"ג, וב' המזמור ק"ד.
30

תרשים ג – ג.
31

שער הגלגולים, הקדמה ל'"א דל"א ע"ב – דע, כי כל הנשמות ורוחות ונפשות שבכל הנבראים בעולם הזה,
כלם כלולים ונתלים באדם הראשון, כי הנה אדם הראשון היה כולל כל החמשה חלקים הנזכרים לעיל, הנקרא
ממטה למעלה נרנח"י, הנמשכות מן חמשה פרצופין, עשר ספירות, הנקראים ממעלה למטה א"א וא"ו וזו"ן.
ונתחיל לבאר בחינת הנפש, **וממנה תקיש** אל הרוח ונשמה וכו'. דע, כי נפש אדם הראשון כלולה ברמ"ח
איברים ושס"ה גידים, ומספר כלם הם תרי"ג. **ונמצא היות נפש האדם כלולה מתרי"ג שרשים.** ואמנם כל
אבר ואבר מרמ"ח איבריו, וכל גיד וגיד משס"ה גידיו, יש לו **פרצוף אחד שלם,** כולל כל התרי"ג איברים
וגידים שבו ממש. ולכן כל אבר או גיד מהם, נקרא שרש אחד גדול ושלם. אמנם לפעמים על ידי העבירות
והפגמים, גורם שאלו התרי"ג הגדולים יתחלקו ויתפרדו עד ששים רבוא שרשים קטנים, וגם הם נקראים
שרשים ממש, אלא שהם קטנים ולא כראשונים. אבל יותר משים רבוא שרשים קטנים, אי אפשר להם
להתחלק, כי אין גלגול יותר משים רבוא, כנזכר בתקונין תקון ס"ט. וכן על דרך זה כל אבר ואבר, וכל גיד
וגיד שבאדם הראשון, הנקרא שרש גדול כנזכר, הנה הוא נחלק לתרי"ג נצוצות נשמות כנזכר, ונקראים
ניצוצות גדולות, וכלם שרש אחד. ולפעמים על ידי הפגם יתחלקו גם הם לששים רבוא ניצוצות קטנים, באופן

נַפְשִׁי אֶת כו' בספר תהלים, כַּנִּזְכָּר בְּמַסֶּכֶת בְּרָכוֹת פֶּרֶק קַמָּא דַּף[32] י' ע"א, שֶׁהֵם[33] כְּנֶגֶד חֲמִשָּׁה בְּחִינוֹת שֶׁיֵּשׁ לַנְּשָׁמָה, וְהֵם נרנח"י וְהֵם נֶפֶשׁ, רוּחַ, נְשָׁמָה, חַיָּה, וְחִידָה, שֶׁהֵם[34] חֲמִשָּׁה[35] מַדְרֵגוֹת זוֹ לְמַעְלָה מִזּוֹ כְּמוֹ[36] שֶׁמְּבוֹאָר בַּמָּקוֹם אַחֵר שֶׁיֵּשׁ

כי הם תרי"ג שרשים גדולים, ולא פחות מזה. אבל אפשר להתחלק עד שעור ששים רבוא שרשים קטנים ולא יותר. ועל דרך זה בכל שרש מהתרי"ג הגדולים, יש בו ניצוצות גדולים כמספר תרי"ג, ולא פחות. אבל יותר אפשר להם להתחלק עד ששים רבוא ניצוצות קטנים, ולא יותר. האמנם יותר מתרי"ג, ועד ששים רבוא, אפשר שיתחלקו, עד עשרה אלפים, וכיוצא בזה עד ששים רבוא, **הוא בחלק הנפש.** וכן על דרך זה כי יש שיתפרד עד אלף, ויש עד אלפים, **הוא בחלק הרוח**, ויש ממש, וכן על דרך זה **בחלק הנשמה.**

32

מַסֶּכֶת בְּרָכוֹת ד"י ע"א – אמר רבי יוחנן, משום רבי שמעון בן יוחאי, מאי דכתיב - פיה פתחה בחכמה ותורת חסד על לשונה. כנגד מי אמר שלמה מקרא זה, לא אמרו אלא כנגד דוד אביו, שדר בחמשה עולמים ואמר שירה, דר במעי אמו ואמר שירה שנאמר - **ברכי נפשי** את הוי"ה, וכל קרבי את שם קדשו. יצא לאויר העולם ונסתכל בכוכבים ומזלות ואמר שירה שנאמר - ברכו הוי"ה מלאכיו גבורי כח, עושי דברו לשמוע בקול דברו, ברכו הוי"ה כל צבאיו וגו'. ינק משדי אמו ונסתכל בדדיה ואמר שירה, שנאמר - **ברכי נפשי** את הוי"ה ואל תשכחי כל גמוליו, מאי כל גמוליו אמר רבי אבהו, שעשה לה דדים במקום בינה, טעמא מai, אמר רבי יהודה, כדי שלא יסתכל במקום ערוה, רב מתנא אמר כדי שלא יינק ממקום הטינופת. ראה במפלתן של רשעים ואמר שירה שנאמר - יתמו חטאים מן הארץ ורשעים, עוד אינם **ברכי נפשי** את הוי"ה הללויה. נסתכל ביום המיתה ואמר שירה, שנאמר - **ברכי נפשי** את הוי"ה, הוי"ה אלהי גדלת מאד, הוד והדר לבשת, מאי משמע דעל יום המיתה נאמר, אמר רבה בר בר רב שילא, מסיפא דעניינא דכתיב - תסתיר פניך יבהלון, תוסף רוחם יגועון וגו', רב שימי בר עוקבא, ואמרי לה מר עוקבא, הוה שכיח קמיה דרבי שמעון בן פזי, והוה מסדר אגדתא קמיה דרבי יהושע בן לוי, אמר ליה מאי דכתיב - **ברכי נפשי** את הוי"ה וכל קרבי את שם קדשו, בא וראה שלא כמדת הקדוש ברוך הוא, מדת בשר ודם, מדת בשר ודם צר צורה על גבי הכותל, ואינו יכול להטיל בה רוח ונשמה, קרבים ובני מעים. והקדוש ברוך הוא אינו כן, צר צורה בתוך צורה, ומטיל בה רוח ונשמה, קרבים ובני מעים. והיינו דאמרה חנה - אין קדוש כהוי"ה, כי אין בלתך, ואין צור כאלהינ"ו. מאי אין צור כאלהינ"ו אין צייר כאלהינ"ו. מאי כי אין בלתך אמר רבי יהודה בר מנסיא, אל תקרי כי אין בלתך, אלא אין לבלותך, שלא כמדת הקדוש ברוך הוא, מדת בשר ודם, מדת בשר ודם מעשה ידיו מבלין אותו, והקדוש ברוך הוא מבלה מעשיו. אמר לו, אנא הכי קא אמינא לך הני **חמשה ברכי נפשי** כנגד מי אמרן דוד, לא אמרן אלא כנגד הקדוש ברוך הוא, וכנגד נשמה. מה הקדוש ברוך הוא מלא כל העולם, אף נשמה מלאה את כל הגוף. מה הקדוש ברוך הוא רואה ואינו נראה, אף נשמה רואה ואינה נראית. מה הקדוש ברוך הוא זן את כל העולם, כלו אף נשמה זנה את כל הגוף. מה הקדוש ברוך הוא טהור, אף נשמה טהורה. מה הקדוש ברוך הוא יושב בחדרי חדרים, אף נשמה יושבת בחדרי חדרים. יבא מי שיש בו חמשה דברים הללו, וישבח למי שיש בו חמשה דברים הללו.

33

ספר הזוהר, פרשת תרומה, רעיא מהימנא דקנ"ח ע"ב עם תרגום והסבר – **אַנְתְּ קַיָּמַת בִּשְׁכִינְתָּא** לפי שאתה קיימת בשכינה, את הפסוק **וְאָהַבְתָּ אֵת הוי"ה אֱלֹהֶי"ךָ בְּכָל לְבָבֶךָ, דְּהַיְינוּ גוּפָא** יותר מתועלת הגוף. **וּבְכָל נַפְשָׁךְ, דְּהַיְינוּ נִשְׁמָתָא** בכל כח הנשמה שלך. **דְּחָמֵשׁ שְׁמָהָן אִית לָהּ** כי חמש שמות יש לה לנשמה, והם **נְשָׁמָה, רוּחַ, נֶפֶשׁ, חַיָּה, יְחִידָה. וּבְכָל מְאֹדֶךָ, בְּכָל מָמוֹנָא דִּילָךְ** בכל הממון והרכוש שלך, ובשכר זה **הַקָּדוֹשׁ בָּרוּךְ הוּא וּשְׁכִינְתֵּיהּ לָא יִזּוּז מִינָךְ בְּכָל אֵלִין** הקדוש ברוך הוא והשכינה לא יזוזו ממך בכל אלו הדברים.

34

ע"ח ש"ו פ"ב מ"ב דכ"ה ע"א – דע כי אין לך שום בחינת פרצופים שבעולם, **שֶׁאֵין לוֹ חֲמִשָּׁה חֲלָקִים נרנח"י, וְהֵם כְּפוּלִים.** כי הם חמשה בחינות פנימיים, וחמשה בחינות מקיפין. וכל אחד מאלו יש לו שתי בחינות, **אֶחָד** אורות פנים וגדולים, **שֵׁנִי** בחינת אורות אחוריים, ומתמעטים, וכל זה הוא באורות. וכן על דרך

19

חמשה אורות פנימיים וחמשה אורות מקיפין, הנקראים נרנח"י. **ובעִנְיַן אורות הַפֶּה דא"ק הַנִּקְרָאִים עָקוּדִים** ולמטה, יש חמשה פנימיים, ורק שני מקיפין, **עַיֵּין שָׁם.**

צריך לדעת כי[37] כל כלי נחלק לכלי פנימי וחיצוני, והאורות דנרנח"י מתחלקים לאורות פנימיים ומקיפין, כאשר[38] הבחינות דנפש רוח נשמה מתלבשות בתוך הכלים, כאשר[39] הנפש מתלבשת בכלי חיצון הנקרא נה"י, והרוח מתלבשת

זה הם בכלים. כי יש בחינת כלים דפנים, ויש בחינת כלים דאחוריים (והכלים גם כן פנימי וחיצון). ודע כי כל הנזכר לעיל הוא הן בכללות העולמות, הן בפרטותיהן, בכל פרצופים בפני עצמו.
35

ע"ח ש"ב ענף א' מ"ב דט"ו ע"ב – השתלשלות העשר ספירות דרך עיגולים עניינם הוא, שכבר נודע שהחלק התחתון שבחמש מדרגות הנשמה, שהיא הנפש כנודע, ממנה נתפשטו העשר ספירות דעיגולים. בראשונה דרך הקו והצינור, מפאת הא"ס כדמיון אדם תחתון החומרי, שבתחילה יש לו בחינת נפש, ואחר כך זוכה וקונה בחינת רוח, אחר כך מדריגת נשמה, וכו'. והסדר הזה היה למעלה גם כן, כי בראשונה נאצלו עשר ספירות דעיגולים בבחינת כלים, ובבחינת עצמות ורוחניות שבתוכם, מבחינת מדרגות נפש לבד. ואחר כך חזרו ונאצלו בחינת העשר ספירות דרך קו היושר, כמראה אדם כנזכר לעיל, וגם הם כוללים שתי בחינות, כלים ועצמות הרוחניות שבתוכם, בבחינת מדרגה יותר עליונה, הוא הנקרא מדרגת רוח, שהוא למעלה ממדרגת הנפש. ונמצא שבחינת עשר ספירות דעיגולים הם מדרגת נפש, עם הכלים המיוחסים להם. ובחינת עשר ספירות דיושר כמראה אדם, שנאצלו אחר כך הוא מדרגת הרוח, עם הכלים המיוחסים להם. והנה בחינת הכלים הנזכרים לעיל כבר נודע, שאבר הכבד הוא משכן הנפש, והלב משכן הרוח, והמוח משכן הנשמה, ואין כאן מקום ביאור פרטים אלו.
36

ע"ח ש"ו פ"ג מ"ת דכ"ט ע"ב – העניין הוא, בהקדמה אחת שצריך שתדע, והוא כי הרי נתבאר לעיל כי בכל בחינה ובחינה מכל עולם ועולם, ובכל פרצוף, יש בו עשר ספירות לא פחות ולא יותר. והם אור פנימי עשרה, ומקיף עשרה. אמנם עשר פנימיים נכללין בחמשה לבד, שהם כנגד החמשה בחינות פרצופים שיש להם, כנזכר במקום אחר, והם א"א ואו"א וזו"ן, **והם עצמן נקרא נרנח"י של כללות של כל עולם ועולם לבד.** וכן על דרך זה במקיף שהם עשרה, ונכללין בחמשה (נ"א ובהם נכללין) כנזכר לעיל. אמנם דע כי בכל האורות, והעולמות, והפרצופים, שיש מן החוטם של א"ק ולמעלה, בכל פרצוף יש תמיד כל הבחינות האלו שלימות, שהם חמשה אור פנימי, הכלולים מעשר ספירות פרטיות כנזכר לעיל, וחמשה מקיפים, הכלולים מן עשר ספירות פרטיות כנזכר לעיל. **אך מפה דא"ק ולמטה, עשר ספירות כל העולמות, לא יש רק חמשה אור פנימי, ושני מקיפים העליונים, שהם כנגד יחידה וחיה, ולא עוד.** כי האור נתמעט משם ולהלאה לכן בעולם (נ"א העקודים) הזה, שהם אורות היוצאין מפה דא"ק ולחוץ, לא היה בו רק חמשה אורות פנימיים, ושני אורות מקיפין ואין עוד, **וזכור הקדמה זו.**
37

ע"ח ש"ב ענף א' מ"ב דט"ו ע"ב – עוד צריך להודיע כללים אחרים, הלא הם אלו. דע כי בחינת עצמות ורוחניות אשר מתלבש תוך הכלים הנזכרים לעיל, הלא הוא הנזכר בחיבורינו זה בחינת אורות נעלמים. והנה האורות האלו הם שתי בחינות, **אחד** נקרא אור פנימי, המתלבש תוך הכלים. **והשני** נקרא אור מקיף, וסובב עליו, **שמרוב גודל הארתו אין הכלי יכול להלבישו**, ולקבל כחו בתוכו, ונשאר אור ההוא מקיף וסובב עליו מבחוץ, **ואין לך שום אור בעולם שאינו כולל שתי בחינות אלו, שהוא אור פנימי, ואור מקיף.** וכמו כן בחינת הכלים, אין לך שום כלי בעולם שאין לו שתי בחינות על דרך הנזכר לעיל, הלא הוא בחינת פנימיות הכלי, **שׁשָם התדבקות והתלבשות אור פנימי הזה בתוכו.** ועוד יש לו בחינת חיצוניות הכלי, **אשר עליו מבחוץ סובב ומקיף אור מקיף** הנזכר לעיל. נמצא דרך קצרה האור שהוא בחינת עצמות הרוחניות מתחלק לשתי מדרגות, והם אור פנימי ומקיף. ועל דרך זה בחינת הכלים, גם הוא מתחלק לשני מדרגות, והם פנימיות הכלים, וחיצוניות הכלים.
38

ע"ח ח"ב ש"ל דרוש ב' מ"ב דכ"ו ע"ד – ואחר זה צריך שתדע כי כל פרצוף מאלו החמשה יש לו עצמות וכלים, הנקרא גוף ונשמה, אמנם האור שלו הנקרא נשמה, גם הוא נחלק לחמשה מיני אורות, כמספר חמשה

בכלי אמצעי, הנקרא חג"ת, והנשמה מתלבשת בכלי פנימי, הנקרא חב"ד. והבחינות דחיה יחידה מקיפין את חיצוניות הכלי. והנה[40] האורות האלו, אחד נקרא נר"ן, המתלבש תוך הכלים. והשני נקרא חיה ויחידה, וסובב על הכלי, שמרוב גודל הארתו אין הכלי יכול להלבישו, ולקבל כחו בתוכו, ונשאר אור מקיף וסובב על הכלי מבחוץ.

וְהִנֵּה בְּחִינַת הָעֶשֶׂר סְפִירוֹת דְּעִיגּוּלִים כּוּלָם יֵשׁ בָּהֶם כָּל הַבְּחִינוֹת דנרנח"י **הַנִּזְכָּרִים לְעֵיל**[41] **שֶׁהֵם** אוֹרוֹת וְכֵלִים, **וְהָאוֹר**[42] **נֶחֱלָק לְאוֹר פְּנִימִי** שהוא נר"ן **וְאוֹר מַקִּיף** שהוא חיה ויחידה, **וְהַכְּלִי**[43] דעיגולים **נֶחֱלָק לְחִיצוֹנִיּוֹת וּפְנִימִיּוֹת** כאשר[44] בפנימיות הכלי מתלבשים הנר"ן, את חיצוניות הכלי מקיפין הבחינות דחיה ויחידה. **וְכֵן בְּחִינַת עֶשֶׂר סְפִירוֹת דְּיוֹשֶׁר בְּצִיּוּר אָדָם יֵשׁ בּוֹ כָּל הַבְּחִינוֹת** דנרנח"י **הָאֵלּוּ בְּעַצְמָם גַּם כֵּן** את בחינת פנימיות וחיצוניות הכלי, ר"ל[45] גם בבחינת היושר יש את אותם הבחינות דעיגולים, בכלי פנימי מתלבשים הנר"ן, ועל הכלי החיצון מקיפין החיה והיחידה.

פרצופים, והם נרנח"י, והם הם ענין כח"ב, ודעת, וששה קצוותיו, ומלכות. האמנם בענין הגוף וכלים אשר לו לא היה רק שלוש חלקים דכלים לבד, כי כנגד חיה ויחידה אין כלי יכול לסובלו, ואין נולד באמצעתו כלי. באופן כי יש לכל פרצוף עשר ספירות הנקרא כלים, ונחלקים לשלוש חלקים, והם עשר כלים חיצוניות, מדור אל הנפש. עשר כלים אמצעים מלובשים תוך כלים חיצוניות, והם מדור אל הרוח. ועשר כלים פנימיים מלובשים תוך הכלים אמצעים, והוא מדור אל הנשמה. והם הם שלושים כלים. אבל גובה קומתן אינם אלא עשר, לפי שהם עשר תוך עשר, ועשר תוך עשר.

39

תרשים ג – ד.

40

ע"ח ש"ד פ"ד מ"ק די"ז ע"ד – ודע כי **נר"ן** מתלבשים תוך פנימיות הכלים, **שהוא הגוף.** אך הנשמה לנשמה, אין יכולת בגוף האדם לסובלה, ונשארת מבחוץ בסוד אור מקיף. וכשהוא מקיף את המוח מדור הנשמה, אז הוא בחינת מקיף אל הנשמה. וכשהיא מקפת את הלב, שהיא מדור הרוח, אז הוא בחינת מקיף אל הרוח. וכשהיא מקפת לכבד, מדור הנפש, אז הוא מקיף לנפש, כי כמו שיש שלוש בחינות אלו שהם נר"ן, כך **הנשמה לנשמה**]**אח**[י - נשמה לנשמה היא בחינת **חיה**, צריך שיהיה בה בחינת שלוש אלו, כולם בסוד אור מקיף. אמנם הגלגולת, שהוא סוד הכתר, משם שורש לנשמה עליונה הנקרא **יחידה**. וטעם קריאתה יחידה, **לפי שהיא מקפת כל העולמות,** בבחינת נשמה)לנשמה(לבדה, ולא בחינת נר"ן, כמו שמבואר בנשמה לנשמה כנזכר לעיל.

41

בית לחם יהודה ש"א פ"ג ד"ג ע"ג – שהם אורות וכלים. כלומר כי הם אורות וכלים, ולכן שייך בבחינת האור ה' בחינות נרנח"י.

42

בית לחם יהודה ש"א פ"ג ד"ג ע"ג – והאור נחלק לאור פנימי ואור מקיף. זהו ענין אחר לאשמעינן שבבחינת האור דעגולים יש בו אור פנימי ואור מקיף, ואינו אור פנימי לבד.

43

בית לחם יהודה ש"א פ"ג ד"ג ע"ג – והכלי נחלק לחיצון ופנימי, היינו שעובי הכלי עצמו נחלק לחלק לחיצון ופנימי, ואינם שני כלים, כמבואר בסוף פרק ג' דשער ב'.

44

תרשים ג – ה.

45

תרשים ג – ו.

אמנם הַחִילוּק שֶׁיֵּשׁ בֵּין הָעוֹלמוֹת דְעֲגוּלים לְעוֹלמוֹת **הַיּוֹשֶׁר הוּא, כִּי**[46] **עֶשֶׂר סְפִירוֹת דְעֲגוּלים הֵם בְּחִינַת הָאוֹר הַנִּקְרָא** בדרך כללות **נֶפֶשׁ, וְיֵשׁ**[47] לבחינת הנפש את כל בחינות הנרנח"י, שנקראים נרנח"י דנפש, **וְיֵשׁ**[48] **בָּהֶם** ר"ל בעיגולים **אוֹר פְּנִימִי וְאוֹר מַקִּיף,** וכן בכלים דעיגולים יש כלי **פְּנִימִי** וכלי **חִיצוֹן**[49] ר"ל לכל כלי וכלי יש בחינת פנימיות הכלי, ובחינת חיצוניות הכלי, **שִׁיעַ**[50] לא גורסים **לָהּ** אלא צריך לגרוס להם **בְּחִינַת עֶשֶׂר סְפִירוֹת שֶׁל כֵּלים** ר"ל לכל כלי מהעשר ספירות יש עשר ספירות פרטיות, **וּבְכָל כְּלי מֵהֶם** של העיגולים **יֵשׁ בּוֹ פְּנִימִיּוֹת** הכלי, **וְחִיצוֹנוֹת** הכלי. **וְגַם**[51] **יֵשׁ עֶשֶׂר סְפִירוֹת שֶׁל אוֹרוֹת** דנרנח"י, ר"ל לכל ספירה יש את הנרנח"י פרטי, **וּלְכָל אוֹר** מהנרנח"י **יֵשׁ בּוֹ אוֹר פְּנִימִי וְאוֹר מַקִּיף.**

כאן הרב ז"ל מבאר כי אותם הבחינות שיש בעיגולים, ר"ל אור פנימי ואור מקיף, ולכלי יש בחינת פנימיות חיצוניות, כן יש בבחינת היושר, אור פנימי ואור מקיף, ולכלי יש בחינת פנימיות הכלי וחיצוניות הכלי.

אֲבָל הָעֶשֶׂר סְפִירוֹת דְיוֹשֶׁר הֵם בְּחִינַת הָאוֹר הַנִּקְרָא בדרך כללות **רוּחַ, וְיֵשׁ**[52] לבחינת הרוח את כל בחינות הנרנח"י, שנקראים נרנח"י דרוח, **שֶׁהוּא** ר"ל מדרגת הרוח **מַדְרֵגָה גְּבוֹהַ מֵעַל מַדְרֵגַת הַנֶּפֶשׁ** כנודע, **גַּם הֵם** מדרגת הרוח **כְּלוּלים מֵאוֹר פְּנִימִי** שהם נר"נ, **וְאוֹר מַקִּיף** שהם חיה ויחידה.

גַּם לבחינת היושר יֵשׁ לָהֶם עֶשֶׂר סְפִירוֹת דְּכֵלִים, וּבְכָל כְּלִי, יֵשׁ בּוֹ וכלי בכל כלי וכלי דיושר את **פְּנִימִיּוּת** הכלי, וְחִיצוֹנִיּוּת הכלי, וּפְשִׁיטָא הוּא שֶׁבכל מקום ובכל פרצוף ושיעור קומה שֶׁבְּחִינַת הַנֶּפֶשׁ היא **נֶאֱצָלָה תְּחִלָּה**, וְאַחַר כָּךְ **נֶאֱצָל** בחינת הָרוּחַ, שֶׁהוּא מַדְרֵגָה יוֹתֵר עֶלְיוֹנָה ממדרגת הנפש.

כַּנּוֹדָע בָּאָדָם הַהִתְחַתּוֹן שֶׁבַּתְּחִלָּה קוֹנֶה נֶפֶשׁ, וְאַחַר כָּךְ זוֹכֶה [53] עַל יְדֵי לִמּוּד הַתּוֹרָה[54], תְּפִלָּה[55], וּתְפִלִּין[56] דְּרַבֵּינוּ תָּם, **יָתִיר יָהֲבִין לֵיהּ רוּחַ**, כַּנִּזְכַּר בַּזּוֹהַר הקדוש פרשת מִשְׁפָּטִים דַּף צ"ד עמ"ב[57] וְז"ל - **תָּא חֲזֵי** בו וראה **בַּר נָשׁ** בן אדם **כַּד אִתְיְלִיד** כשנולד **יָהֲבִין לֵיהּ נַפְשָׁא**[58] נותנים לו נפש וכו'.

53

שַׁעַר הַגִּלְגּוּלִים הַקְדָּמָה י"א – דַּע, כִּי אֵין הָאָדָם נִקְרָא שָׁלֵם, עַד שֶׁיִּתַּקֵּן בְּחַיָּיו, וְיִזְכֶּה עַד שֶׁיִּקַּח יְחִידָה דָּא"א דַאֲצִילוּת כַּנַּ"ל. וְאָמְנָם מִי שֶׁלֹּא זָכָה כִּי אִם לִיקַּח כָּל אֶחָד בְּחִינוּת, דַּעְשִׂיָּה, הִנֵּה זֶה הָאִישׁ זָכָה לִיקַּח נֶפֶשׁ שְׁלֵימָה, מִכְּלָלוּת כָּל עוֹלָם הָעֲשִׂיָּה. וְעַל דֶּרֶךְ זֶה בְּכָל שְׁאָר הַחֲלָקִים, עַד שֶׁיִּהְיֶה שָׁלֵם לְגַמְרֵי כַּנִּזְכָּר. וְהִנֵּה תִּיקּוּן הָאָדָם, תָּלוּי בִּדְבָרִים רַבִּים, כְּמוֹ בַּעֲשִׂיַּית כָּל מִצְוֹת עֲשֵׂה, וּבְעֵסֶק הַתּוֹרָה וְכוּ', כְּמוֹ שֶׁיִּתְבָּאֵר. וּכְפִי מַה שֶּׁיְּרַבֶּה בָּהֶם, כָּךְ יוּשְׁלַם תִּיקּוּנוֹ, לִזְכּוּת לָקַחַת כָּל חֶלְקֵי נִשְׁמוֹת. וְכַאֲשֶׁר ח"ו יֶחֱטָא, וְיַעֲבוֹר עַל שַׁ"ס"ה מִצְוֹת לֹא תַּעֲשֶׂה, כָּךְ יִהְיֶה הַפְּגָם שִׁיפְגּוֹם בְּחֶלְקֵי נִשְׁמָתוֹ, גַּם אִם עָשָׂה מִצְוֹת עֲשֵׂה הַרְבֵּה.

54

הָרַמְבַּ"ם, הִלְכוֹת תַּלְמוּד תּוֹרָה, פֶּרֶק א' הֲלָכָה י' – עַד אֵימָתַי חַיָּיב לִלְמוֹד תּוֹרָה, עַד יוֹם מוֹתוֹ, שֶׁנֶּאֱמַר וּפֶן יָסוּרוּ מִלְּבָבְךָ כָּל יְמֵי חַיֶּיךָ. וְכָל זְמַן שֶׁלֹּא יַעֲסוֹק בְּלִימּוּד הוּא שׁוֹכֵחַ.

55

רְחוֹבוֹת הַנָּהָר דַּף ג' ע"ג – אָמְנָם תִּיקּוּן כּוּלָם, עֶלְיוֹנִים וְתַחְתּוֹנִים, תָּלוּי בְּתִיקּוּן זוֹ"ן דַאֲצִילוּת, וְתִיקּוּן זוֹ"ן דַאֲצִילוּת, תָּלוּי בְּיַד יִשְׂרָאֵל, הַנִּקְרָאִים בָּנִים לְזוֹ"ן דַאֲצִילוּת. **וְעַל יְדֵי הַתְּפִלּוֹת שֶׁל יִשְׂרָאֵל**, מִתְבָּרְרִים מִבֵּירוּרֵי הַמְּלָכִים דְּזוֹ"ן, מִבְּחִינַת הָעוֹלָמוֹת, וּמִבְּחִינַת הַנְּשָׁמוֹת, שִׁיעוּר קָצוּב בְּכָל תְּפִלָּה וּתְפִלָּה, וּמַעֲלִים אוֹתָם לְמ"ן, וּכְפִי גּוֹדֶל כַּוָּנָתָם, וְזַכּוּתָם, וּמַעֲשֵׂיהֶם, וְזַכּוּת הַזְּמַן שֶׁבּוֹ נֶאֶמְרָה הַתְּפִלָּה הַהִיא. כָּךְ גּוֹדֶל תִּיקּוּנָם לְהַעֲלוֹת נִיצוֹצוֹת רַבִּים דְּמ"ן, אִם בְּכַמּוּת, אִם בְּאֵיכוּת. וּבְכָל יוֹם מַעֲלִים נִיצוֹצוֹת חֲדָשׁוֹת מֵחָדָשׁ, וְאֵין יוֹם דּוֹמֶה לַחֲבֵירוֹ, וְאֵין בְּרִיָּה דּוֹמֶה לַחֲבֵירָתָהּ, וְאֵין צַדִּיק דּוֹמֶה לַחֲבֵירוֹ. וְזֶהוּ גּוֹדֶל חִיּוּב מִצְוֹת הַתְּפִלּוֹת וְהַמִּצְוֹת, וְכָל אֶחָד מְתַקֵּן וּמַעֲלֶה כְּפִי בְּחִינָה הָרְאוּיָה אֵלָיו, וּתְתַקֵּן הַחֶלְבְּנָה מַה שֶּׁלֹּא תְּתַקֵּן הַלְּבוֹנָה, וְלָכֵן הַכֹּל צְרִיכִים זוֹ לָזֶה, וְלֹא יוּכַל שׁוּם אֶחָד מִיִּשְׂרָאֵל לַעֲשׂוֹת מַה שֶּׁיַּעֲשֶׂה חֲבֵירוֹ, וּכְפִי גּוֹדֶל הַבֵּירוּר שֶׁמִּתְבָּרֵר וְעוֹלֶה, נִיתּוֹסָף כֹּחַ לְמַעְלָה, וְיוֹרֵד שֶׁפַע מִלְּמַעְלָה עַל יְדֵי זִוּוּג הָעֶלְיוֹנִים, לְהַשְׁפִּיעַ בַּתַּחְתּוֹנִים. וְעַל יְדֵי הַשֶּׁפַע הַיּוֹרֵד, מוֹסִיף כֹּחַ בַּתַּחְתּוֹנִים, לְלַקֵּט וּלְבָרֵר וּלְהַעֲלוֹת מ"ן, כַּנִּזְכָּר כָּל זֶה בַּפְּרָקִים הַנַּ"ל.

56

בֶּן אִישׁ חַי, שָׁנָה רִאשׁוֹנָה, פָּרָשַׁת חַיֵּי שָׂרָה, הֲלָכָה י"א – אֵין לְחִלּוּץ הַתְּפִלִּין עַד שִׁילְמֻד בָּהֶם תְּחִלָּה, אֶחָד הַמַּרְבֶּה וְאֶחָד הַמַּמְעִיט, **כִּי לֹא יִזְכֶּה הָאָדָם לִקְנוֹת שְׁלֹשָׁה חֶלְקֵי נֶפֶשׁ רוּחַ נְשָׁמָה אֶלָּא אִם כֵּן לוֹמֵד בַּתְּפִלִּין**, וּבְיוֹתֵר אִם לוֹמֵד בַּתְּפִלִּין **דְּרַבֵּנוּ תָּם**, וּכְמוֹ שֶׁכָּתַב מַחֲזִיק בְּרָכָה, בְּשֵׁם מַהֲר"ם פֵּירַשׁ ז"ל, עַיֵּין שָׁם.

57

זֹהַר מִשְׁפָּטִים דַּצ"ד ע"ב עִם תַּרְגּוּם וְהֶסְבֵּר – **תָּא חֲזֵי בַּר נָשׁ כַּד אִתְיְלִיד** בּוֹא וּרְאֵה כְּשֶׁאָדָם נוֹלַד **יָהֲבִין לֵיהּ נַפְשָׁא מִסִטְרָא דְּבַעֲירָא מִסִטְרָא דַּכְיוּ** נותנים לו נפש מִצַּד עוֹלָם הָעֲשִׂיָּה, שֶׁהוּא בְּסוֹד בַּהֲמוֹת טְהוֹרוֹת כְּלַפֵּי עוֹלָם הַיְצִירָה שֶׁהוּא בְּסוֹד חַיּוֹת הַקֹּדֶשׁ, **מִסִטְרָא דְּאִלֵּין דְּאִתְקְרוּן אוֹפַנֵּי הַקֹּדֶשׁ** מִצַּד אֵלּוּ מַלְאֲכֵי הָעֲשִׂיָּה הַנִּקְרָאִים אוֹפַנֵּי הַקֹּדֶשׁ. **זָכָה יָתִיר יָהֲבִין לֵיהּ רוּחַ מִסִטְרָא דְּחַיּוֹן דְּאִינּוּן חַיּוֹת הַקֹּדֶשׁ** אִם זָכָה יוֹתֵר נוֹתְנִים לוֹ רוּחַ מִסִטְרָא מִצַּד הַחַיּוֹת, שֶׁהֵם סוֹד מַלְאֲכֵי הַיְצִירָה הַנִּקְרָאִים חַיּוֹת הַקֹּדֶשׁ, כִּי אַחַר שֶׁקָּנָה נֶפֶשׁ

כאן[59] מבאר הרב ז"ל כי העגולים נאצלו בבחינת הכלים והאור, ואחר כך נאצל היושר בבחינת כלים ואור, שלפני שנאצלו עשר הספירות דיושר דא"ק, נאצלו כל עשר ספירות דעגולים דא"ק. וזה לא בדיוק מה שביאר הרב ז"ל לעיל[60], שאור הא"ס נמשך בבחינת קו ישר בתוך החלל, ומתעגל. אפשר לתרץ מה שהרב ז"ל מבאר כאן, שקודם נאצלו כל העגולים, ואחר כך היושר, **מדובר על הכלים של העגולים ויושר**, ומה שהרב ז"ל ביאר לעיל, שהקו לא נמשך עד למטה, אלא נעשה בבחינת קו, ואחר כך הקו מתעגל, **מדובר על האורות שנכנסים לתוך הכלים של קו היושר**

מעשיה חוזר לקנות רוח מיצירה. **זכה יתיר יהבין ליה נשמתא מסטרא דכורסייא** אם זכה יותר נותנים לו נשמה מצד הכסא שהוא עולם הבריאה שהוא כסא למלכות דאצילות, **ותלת אלין אינון אמה עבד ושפחה דברתא דמלכא** ואלו השלוש עולמות בי"ע הם אמה עבד ושפחה אל מלכות דאצילות והיא הגבירה עליהם, **זכה יתיר יהבין ליה נפשא בארח אצילות מסטרא דבת יחידה** אם זכה יותר נותנים לו נפש הנמשכת בדרך המשכה מצד המלכות דאצילות הנקראת בת יחידה, **ואתקריאת איהי בת מלך** ואותה הנפש נקראת בת מלך **זכה יתיר יהבין ליה רוחא דאצילות מסטרא דעמודא דאמצעיתא** אם זכה יותר נותנים לו רוח דאצילות מצד עמוד האמצעי שהוא ז"א, **ואקרי בן לקדושא בריך הוא** ואז נקרא בן להקב"ה, **הדא הוא דכתיב בנים אתם להוי"ה אלהיכם** כי הנפש והרוח יוצאים מיחוד זו"ן שהם סוד הוי"ה אלהיכ"ם, **זכה יתיר יהבין ליה נשמתא מסטרא דאבא ואמא** אם זכה יותר נותנים לו נשמה מצד אבא ואמא, ר"ל נשמה מאמא וחיה מאבא, **הדא הוא דכתיב ויפח באפיו נשמת חיים** שהקב"ה נפח באדם הראשון נשמת חיים, **ומאי חיים** ומי הם הנקראים חיים, **אלא אינון י"ה** אלא הם או"א הנקראים י"ה, והם נקראים חיים לפי שהם החיות של כל הספירות, **דעלייהו אתמר כל הנשמה תהלל יה** כל מי שיש לו נשמה יהלל י"ה, **ואשתלים ביה הוי"ה** ואז זה האדם נשלם בו שם הוי"ה, כי חיה ונשמה הם סוד י"ה, ורוח ונפש הם סוד ו"ה. **זכה יתיר יהבין ליה הוי"ה בשלימו דאתוון יו"ד ה"א וא"ו ה"א** אם זכה יותר נותנים לו שם הוי"ה במילוי אותיות שהוא שם מ"ה, **דאיהו אדם** שהוא סוד אד"ם גמטריה מ"ה, **בארח אצילות דעילא** שהוא דרך המשכה שנמשכת לו בחינת יחידה מלמעלה מא"א, **ואתקרי בדיוקנא דמאריה** ואז נקרא בצלם קונו.

58

הגהות וביאורים)ד(– עיין בשער מאמרי רשב"י הנדפס מחדש דף ב' ע"א, בפרשה זו שכתב וז"ל - אמנם צריך שתדע כי אין זה אלא בנשמות חדשות, שעדיין לא נתגלגלו כלל, ולכן הוא הולכת ונוספת בסדר המדרגות, נפש, ואחר כך רוח, ואחר כך נשמה. ואינו תלוי בענין השנים, רק בזכיות לבד. אמנם מי שהיא מגולגלת מבחינת נפש, אינו יכול ליקח עוד כל ימיו חלק הרוח. וכשימות אחר שישלים הנפש, יחזור ויתגלגל לתקן הרוח. וכן בענין הנשמה. בשער הגלגולים הנדפס מחדש דף ג' ע"א ודף ט' ע"ב שיטה ב' הארכנו בזה ועיין שם, עד כאן לשונו.)ועיין בשער מ"ן ומ"ד סוף דרוש ד'(.

59

ע"ח ח"ב שמ"ב פ"ד מ"ב דצ"א ע"ב – והנה במה שמבואר לעיל, כי הלבושים הם אור מקיף, ועליהם העגולים, שהם הרקיעים והיכלות, הנקרא שמים, תבין פירוש - עוטה אור כשלמה, כי נתעטף הקדוש ברוך הוא בטליתו, שהוא אור מקיף, המתעטף בטליתו, שהם הלבושים האמיתים יותר הפנימית, ואז נוטה שמים כיריעה. כי מהארת הלבושים, יצאו משיורייהם בבחינת העגולים, שהם שמים, שהם חיצונים מן הלבושים. **ע"ח ח"ב שמ"ב פ"ד מ"ב דצ"א ע"ב** _הגהה השמ"ש_ **]ב[** – נ"ב. צריך עיון, והלא בחינת העיגולין שהם בחינת הנפש של כל פרצוף, יצאו קודם היושר, שהוא בחינת הרוח של כל פרצוף. כי הנפש באה קודם הרוח, כמבואר לעיל בשער העיגולים, כי אחר גמר כל עשר ספירות דעיגולים, אז יצאו עשר ספירות דיושר.

60

ע"ח ש"א ענף ב' די"ב ע"א – והנה בהיות אור הא"ס נמשך בבחינת קו ישר תוך החלל הנזכר לעיל, לא נמשך ונתפשט תכף עד למטה. אמנם היה מתפשט לאט לאט, ר"ל כי בתחילה התחיל הקו האור להתפשט שם ותכף בתחילת התפשטותו בסוד קו, נתפשט ונמשך ונעשה כעין גלגל אחד עגול מסביב. **דעת ותבונה דל"ג ע"א** – נמצא לפי זה שהגוף דא"ק **נעשה מן הרשימו** שנשאר בחלל אחרי הצמצום, ונתפשט בהם הקו דא"ס, וכן הענין היה גם כן בעשר ספירות דיושר דגוף א"ק, שגם כן נעשו מכח צמצום האור, והם היו הרשימו שנשאר אחר הצמצום.

והעגולים, שזה במערכת הנרנח"י. **הרב תורת חכם** מבאר[61] את ההג"ה של רבו הרש"ש, וכללות[62] דבריו הם שם"ה וב"ן דיושר של הפרצוף העליון, מוליד את העיגולים דפרצוף שתחתיו, ואחר כך יוצא היושר אחרי העיגולים.

וכן[63] **היה באדם העליון, שֶבתַזוּיכה** מהיושר של הפרצוף היותר עליון **נאצלו ונתגלו בזוינת העגולים** של הפרצוף התחתון, **שֶהם בזוינת מדרגות הנפש**, וגם נאצלו **הכלים שלהם** ר"ל של העיגולים, **ואחר כך** מהעיגולים של הפרצוף היותר עליון **נאצלו בזוינה שניה דיושר** של הפרצוף היותר עליון תחתון, שהוא **בציור אדם** חח"ן בג"ה דת"י, **שֶהם מדרגות אורות רוזז, והכלים שלהם** כנודע, **כי הרוזז נקרא אדם** ר"ל הרוח הוא בחינת עולם היצירה, והוא שם מ"ה, גימטריא אדם, **והבן זה מאד.**

מקשה הרב יעקב צמח זלה"ה, יש בעיה טכנית להבין אך יכול להיות שהעיגול נגמר ואחר כך נכנס היושר, אם העגולים נגמרו איך נכנס היושר בתוכם, לכן סובר הרב צמח ז"ל שהעיגולים והיושר שנאצלו בד בבד, תחילה בחינת עיגול,

---

⁶¹

ע"ח ח"ב שמ"ב פ"ד מ"ד ע"ב דצ"ו ע"ב הגהה השמ"ש]בן[– נ"ב. צריך עיון, והלא בחינת העיגולין שהם בחינת הנפש של כל פרצוף, יצאו קודם היושר, שהוא בחינת הרוח של כל פרצוף. כי הנפש באה קודם הרוח, כמבואר לעיל בשער העיגולים, כי אחר גמר כל עשר ספירות דעיגולים, אז יצאו עשר ספירות דיושר.

⁶²

תורת חכם דע"ח ע"א – ואבוא להבין מה שכתב מורי הרב ז"ל בשער מ"ב, שער דרושי אבי"ע פרק ד' וז"ל - כי מהארת הלבושים יצאו העיגולים. וצריך עיון, והלא בחינת העיגולים הם בחינת נפש של כל פרצוף, ויצאו קודם היושר, שהם בחינת הרוח של כל פרצוף, כי הנפש באה קודם הרוח וכמו שמבואר בשער העיגולים, כי אחר גמר כל העשר ספירות דעיגולים, אז יצאו העשר ספירות דיישר, עד כאן לשונו. והנה כתב הרב ז"ל בשער הנזכר פרק ב' וז"ל - נמצא בקיצור כי א"ק הוא קוץ היו"ד דהוי"ה. ויש בו הוי"ה אחת כוללה חמשה בחינות שהם שורש, נשמה, גוף, לבוש, היכל. וכל בחינה מאלו כלולה מן החמשה, שהם עשר ספירות שרשים, ועשר ספירות נשמות, ועשר ספירות גופות, ועשר ספירות לבושים, ועשר ספירות היכלות. וכל בחינה מאלו העשר ספירות נכללות מחמשה פרצופים, שהם השורש ואבי"ע, עד כאן לשונו. **אם כן עכשיו הישוב הוא פשוט, כי העיגולים שבכל פרט יצאו תחילה, ואחר כך היושר הפרטי שלו. אבל הכוללים ודאי שהעיגולים הכוללים יצאו באחרונה, ויצאו מזווג המ"ה וב"ן דיושר, שהם הלבושים.** שכן הוא הסדר שבתחילה נאצל עולם האצילות, ואחר כך האציל עולם הבריאה, כי מחותם האצילות יצאו עולם הבריאה, ומחותם הבריאה יצאו עולם היציר וכו'.

תורת חכם דקס"ט ע"א – מה שכתב בפרק ד' משער מ"ב אבי"ע, שבחינת הלבושים האצילו העיגולים, הרי מהלבושים הם בחינת א"ס, וא"ו"א של הרקיעים. ועיין שם בשער העיגולים, שהעיגולים נאצלו תחילה, **מדבר על העיגולים הפרטים שבכל החמשה בחינות.** כי כל בחינה כלולה עשר ספירות, נשמה, גוף, לבוש, והיכל. **אבל הלבושים הכוללים הכוללים האצילו העיגולים הכוללים.**

⁶³

בית לחם יהודה ש"א פ"ג ד"א ע"ג – וכן היה באדם העליון וכו'. הקשה אבא מארי זלה"ה אי הרוח נכנס אחר הנפש, אם כן היכי נכנס הכא אור הפנימי תחילה בעיגול הכתר שהוא עיגול יחידה, ואחר כך לחכמה שהיא חיה, עד סוף כולם נכנס בעיגול המלכות שהיא נפש. ותירצתי לו כי תחילה נמשך האור מסוף הצמצום שהוא בחינת נפש, כמבואר בסוף פרק א' דשער מ"ב, ונכנס בכלי הכתר, וכשנתפשט הקו עוד למטה, ועשה עיגול החכמה, נידחת הנפש שהיא בעיגול החכמה, ונכנס בכתר בחינת היסוד דרוח, וכשנתפשט עוד הקו למטה לעיגול הבינה נידחת הנפש בבינה, ונכנס בחינת יסוד דרוח בחכמה ורוח דהוד בכתר, ועל דרך זה היה בכל הספירות.

ולפני שנגמר העגול נאצל נאצל היושר. עם כל זאת כל המפרשים דחו קושיה זו, ובכללם[64] הרב דברי שלום, הכרם[65] שלמה, הבית לחם יהודה, ועוד.

[הגהה] **צ"מח** היינו כי תחלה נאצלו העגולים, ובעת אצילותם ממש עלו[66] צריך לגרוס **נאצלו** העשר ספירות דיושר בד בבד עם העגולים, שהרי היושר הוא תוך העגולים כנראה בציור, והכל[67] נעשה[68] כלומר נגמר בזמן אחד, דהיינו שהתחיל העגול מצד אחד, וקודם שנשלם העיגול נעשה היושר, וכן נעשה בכל עגול ועגול.

64

דברי שלום דכ"א ע"ד – ולעניות דעתי לא ידעתי מי הכריחו לומר **שהסדר היה עיגולים ויושר בבת אחת,** הפך מה שכתב הרז"ל, דדימה אותו לאדם התחתון, ומשמע מתוך דבריו דהכרח שלו הוא מכח שהיושר הוא תוך העיגולים, שכן כתב שהרי היושר הוא תוך העגולים כנראה מציור, עיין שם. ואם כן איך אפשר שעכשיו העגולים תחילה, ואחר כך היושר, והלא העגולים סתומים מכל צד ואף יעבור היושר, אי משום הא אין זה הכרח דהרי מצינו שכתב במבוא שערים ש"ב ח"ג פ"ד דנתן טעם לדבר למה רגלי עתיק יומין לא הגיעו עד עיגוליו, ועמדו רגליו בקרקעית עיגולי א"א, והשיב יען שאחר שיצא יושר דעתיק יומין, ולא יכלו להתפשט עד עיגוליו, כי עיגולי א"א מפסיקים. ואחר כך יצא היושר דא"א, נמצא דמצינו דאחר שנעשו עיגולים, יכול להיכנס היושר, ועוד וכי משום שהם עגולים צריך שיהיו סתומים מכל צד, והלא כמה חלונות ופתחים ושערים יש בעגולים, שדרך שם עולים המלאכים והנשמות והפרצופים של עולם שלמטה, כמו שכתוב בשער מ"ב פרק ג', יעו"ש. אך מה שצריך להבין הוא ממה שכתב בשער מ"ב פ"ד, שכתב וז"ל - אור מקיף, ועליהם העגולים, שהם הרקיעים וההיכלות, הנקרא שמים, תבין פירוש אותה אור כשלמה, כי נתעטף הקדוש ברוך הוא בטליתו, שהוא אור מקיף, המתעטף בטליתו שהם הלבושים האמיתים, יותר הפנימית, ואז נוטה שמים כיריעה, כי מהארת הלבושים יצאו משיוריהם בחינת העגולים, שהם שמים, שהם חיצונים מן הלבושים, יע"ש. **משמע מתוך לשון זה דתחילה יצא היושר, ואחר כך נתעטף בטליתו, ומשיורי לבושיו נעשו העיגולים.** ואפשר לומר, דאלו העיגולים שיצאו משיוריה לבושים, **הם עיגולים של הפרצוף התחתון, דמשיורי המלבושים של פרצוף העליון נעשו עיגולים לפרצוף התחתון.**
65

כרם שלמה ש"א ענף ג' אות ג' – ומה שכתב כאן הצמח, שהעיגולים והיושר הם נעשו בבת אחת, **כבר הקשה עליו הרבה מפרשים,** שאיך אומר כן, והלא מכל דברי הרב ז"ל בכל מקום מוכח שתחילה נאצלו ונשלמו העיגולים, ואחר כך נאצל היושר, אבל מה שכתב הצמח כאן דהיינו וכו', לא ידענו מנין דקדק הרב צמח ז"ל זאת מדברי הרב ז"ל, ופשוט הוא מה שהוצרך לומר זאת הרב צמח ז"ל **מפני שהוקשה לו כי איך אחר שנאצלו העגולים ונתעגלו מכל צדדיהם, איך יבא אחר כך היושר, ויבקע באמצע העגולים וילך מעוגל אל עגול,** כמו שמוכח מדבריו שכתב, שהרי היושר הוא תוך העגולים וכו'. וכבר התירוץ של זאת כבר תירץ אותה תורת חכם בדף ע"ב על קושיית השמ"ש לקמן בסוף ענף ד', כי כשנתעגלו העגולים הניחו מקום חלל באמצע העובי של העגול כדי שיעור שיעבור היושר, ונפסק באמצע העגול ולא נתעגל מכל צדדיו, ובזה מתיישבת קושיית הרב צמח ז"ל, כי הניחו מקום העיגולים באמצע כדי שיעבור היושר בהם.
66

בית לחם יהודה ש"א פ"ג ד"ג ע"ד)הגהת הצמח(– עלו עשר ספירות דיושר, צריך לגרוס **נאצלו**.
67

בית לחם יהודה ש"א פ"ג ד"ג ע"ד)הגהת הצמח(– והכל נעשה בזמן אחד. **אין הכרח לפירושו,** ודברי רז"ל הם כפשוטם כמו שכתב הרב דברי שלום בפרקין, דאי ההכרח של הרב צמח הוא מכח שהיושר הוא תוך העגולים, ואם כן איך אפשר שיעשו העגולים תחילה ואחר כך היושר. והלא העגולים הם סתומים מכל צד, ואף יעבור היושר. **אי משום הא אין הכרח,** שהרי מצינו במבוא שערים דף י"ג ע"א - דטעם שלא הגיעו רגלי עתיק עד עגוליו, אלא עד עד עגולי א"א, יען שקדמו עגולי א"א לצאת קודם יושר דעתיק, יעו"ש. נמצא שאחר שנעשו העגולים דעתיק וא"א, היו יכולים היושר דעתיק וא"א להיכנס. ועוד והלא כמה חלונות ופתחים

א. העיגולים[69] ויושר יצאו ביחד.

ב. העיגולים[70] לפני יושר.

ג. יושר[71] לפני עגולים.

ליישב את הסתירות – **כאשר** הרב ז"ל כותב כי העגולים ויושר נאצלו ביחד, מדובר על בחינת הכלים דעיגולים ויושר שנוצרו מהרשימו, כאשר יסתלק אור הא"ס שנעשה החלל, ובתוך החלל נשאר בחינת רשימו, בסוד[72] הפסוק - ויצא

ושערים יש בעגולים, שדרך שם עולים המלאכים, והנשמות, והפרצופים שלמטה, כמבואר בפרק ג' שער מ"ב, יעו"ש, עד כאן לשונו. ואי כוונת המהרי"ץ ז"ל לפי שאין מתקימין העגולים בלא היושר, כפי אותה הקדמה שכתב רז"ל סוף פרק ח' דשער השבירה, שהיו הנקודים עגולים בלא יושר כלל, יעו"ש. שאני התם שלא היה בהם יושר כלל, אבל לפי שעה הם מתקיימין, דהא נתקימו עגולי עתיק בלא יושר, עד שנעשו גם עגולי א"א.

68

מבוא שערים ש"ב ח"ג פ"ד די"ד ע"א – הנה בתחילה יצאו עשרה עגולי עתיק, שהם הנפש שלו, ואחר כך יצאו עשרה עגולי אריך. ואחר שיצאו עגולי אריך, אז יצאו עשר ספירות דיושר דעתיק, שהם בחינת הרוח שלו. ואחר כך יצאו גם עשרה ספירות היושר דאריך.

69

ע"ח ש"א ענף ב' מ"ב די"ב ע"א – והנה בהיות אור הא"ס נמשך בבחינת קו ישר, תוך החלל הנזכר לעיל, לא נמשך ונתפשט תכף עד למטה. אמנם היה מתפשט לאט לאט, ר"ל כי בתחילה התחיל קו האור להתפשט, שם ותכף בתחילת התפשטותו בסוד קו, נתפשט ונמשך ונעשה כעין גלגל אחד עגול מסביב.
מבוא שערים ש"ב ח"ג פ"ד די"ד ע"א – הנה בתחילה יצאו עשרה עגולי עתיק, שהם הנפש שלו, ואחר כך יצאו עשרה עגולי אריך. ואחר שיצאו עגולי אריך, אז יצאו עשר ספירות דיושר דעתיק, שהם בחינת הרוח שלו. ואחר כך יצאו גם עשרה ספירות היושר דאריך.

70

ע"ח ש"א ענף ב' מ"ב די"ב ע"ג – דע כי בזה החלל נאצל א"ק לכל הקדומים, ויש בו מציאות עשר ספירות, והם ממלאין כל החלל הזה, אמנם בתחילה יצאו עשר ספירות דרך עגולף אלו תוך אלו, ואחר כך בתוך העיגולים נמשך דרך יושר, כציור אדם אחד, באורך כל העגולים הנזכרים לעיל.
ע"ח ש"א ענף ד' מ"ב די"ב ע"ב – כי בתחילה יצאו ונתגלו עשר ספירות אלו בבחינת עיגולים, שהם בחינת נפש דא"ק הזה.... ......והנה לאחר שנתגלו, ויצאו בראשונה אלו העשר ספירות דא"ק בחינת נפש [בתמונת עגולים]. עוד יצאו עשר ספירות אחרות, בבחינת רוח דא"ק הזה, בבחינת יושר, כמראה אדם בעל קומה זקופה, כלול מרמ"ח אברים, בציור קומה, ראש, וזרועות, וכפות ידיים, גוף, ורגלים. והוא מתחיל להמשך מן הא"ס המקיף, דרך קו הנזכר לעיל, ומשם ולמטה בציור אדם כנזכר לעיל, כולל שלוש קוים, ימין ושמאל ואמצע, ובהם נכללים עשר ספירות יושר שבו.

71

ע"ח ח"ב ש"ב שמ"ב פ"ד מ"ב דצ"א ע"ב – ובפנים מכולם העצמות, כמראה אדם, בחינה נשמה לנשמה שמעולם אינה מתלבשת בכליף ונקרא אדם בסוד חכמה, כ"ח מ"ה, שהוא אדם, והבן זה. והנה במה שנתבאר לעיל כי הלבושים הם אור מקיף, ועליהם העגולים שהם הרקיעים והיכלות, הנקרא שמים. תבין פרוש - עוטה אור כשלמה, כי נתעטף הקדוש ברוך הוא בטליתו, שהוא אור מקיף, המתעטף בטליתו, שהם הלבושים האמיתים יותר הפנימית, ואז נוטה שמים כיריעה, כי מהארת הלבושים יצאו משיעוריהם, בחינת העיגולים, שהם שמים, שהם חיצונים מן הלבושים.
מבוא שערים ש"ב ח"ג פ"ד די"ג ע"א – הנה בתחילה יצאו עשרה עגולי עתיק, שהם הנפש שלו, ואחר כך יצאו עשרה עגולי אריך. ואחר שיצאו עגולי אריך, אז יצאו עשר ספירות דיושר דעתיק, שהם בחינת הרוח שלו. ואחר כך יצאו גם עשרה ספירות היושר דאריך.

72

יעקב מבאר שבע. ומרשימו זה נעשו ביחד הכלים דעגולים דעגולים ויושר. **וכאשר** הרב ז"ל כותב כי העגולים יצאו לפני היושר, מדובר באותו עולם, או באותו פרצוף, או באותו שעור קומה, האור המתפשט בעיגולים, שהוא בחינת הנפש, קודם לאור המתפשט ביושר, שהוא בחינת הרוח. **וכאשר** הרב ז"ל כותב כי היושר יצא לפני העגולים, מדובר על אור היושר של העולם או פרצוף היותר עליון, שקודם לאור העיגולים של העולם או פרצוף של היותר תחתון.

המשך הדרוש דמ"ק משער הדרושים.

ודבר זה של אצילות העיגולים והיושר **היה בכל העולמות** והפרצופים **כולם, כי בכל בזוינה ובזוינה מהם**, כי **בתזוילה** מהארת[73] היושר של הפרצוף העליון **נאצל העשר ספירות שלהם בבזוינת העגולים, של הבזוינה ההוא** של הפרצוף התחתון, **ואזזר כך** באותו פרצוף התחתון דעגולים **נאצלו העשר ספירות דיושר, של הבזוינה ההיא** ר"ל של הפרצוף התחתון.

הרב ז"ל מבאר כאן[74] את מקום משכן האורות דנפש, רוח, ונשמה. כאשר הכבד הוא משכן הנפש, כלי חיצון. הלב משכן הרוח, כלי אמצעי. והמוח משכן הנשמה, כלי פנימי. כאשר[75] כל אחד מבחינות אלו, כולל באופן פרטי כלי חיצון, אמצעי ופנימי. **ועוד**[76] **צריך לדעת** כי[77] המוח שהוא משכן הנשמה, כולל עשר ספירות, ומאיר לכלי הפנימי של כל אבר שבגוף.

בראשית כ"ח י' – ויצא יעקב מבאר שבע וילך חרנה. **ומפרש רש"י** - אלא מגיד שיציאת צדיק מן המקום **עושה רושם.**
73

תרשים ג – ט.
74

ע"ח ש"כ פ"ה מ"ב דצ"ז ע"ג – אמנם נבאר ענין ז"א, ומשם תקיש אל השאר. הנה שלוש כלים יש בז"א, חיצון, ואמצעי, ופנימי. ואין לך אבר ואבר שאין בו שלוש בחינת אלו, עובי החיצון מצד אחור, ועובי הפנימי מצד הפנים, ומה שביניהן בסוד אמצעי. אכן שלוש שרשי כלים אלו, החיצון שבכולם נמשך חיותו מן הכבד, על ידי וורידי הכבד, שבהם שולח המזון, שהוא הדם, אל אותו החיצון. והכלי אמצעי נמשך חיותו מן הלב, על ידי עורקים הדופקים הנמשכין מן הלב, שבהם שולח (המזון) החיות הרוחני, כעין רוח דק וזך, והוא בחינת דם חומרי גם כן, אלא שחזר ונזדכך בלב. כנודע כי הכבד שולח דם הממשי, אל כל אבר ואבר, והיותר מובחר שולח אל הלב, ואז הלב חוזר ומזככו (פעם שניה) ונעשה בו בחינת (דם) רוחניות זך, ומשלחהו אל כלי האמצעי, אשר בכל אבר ואבר. ואחר כך הלב שולח (דם) רוחניות היותר זך, אל המוח, ושם חוזר ומזדכך פעם שלישית, ואז שולחו המוח אל הכלי הפנימי של האבר, דרך גידין הנמשכין מן המוח כנודע, ואותו הרוחניות הזך נקרא כח ההרגשה. אמנם הצד השוה שבשלשתן שכולם הם מיני דם, אלא שזה מזוכך מזה, וזה מזוכך מזה. והנה בתוך שלושה שרשים אלו שהם **מוח לב כבד**, אשר הם שלוש שרשים של שלוש בחינות הכלים של כל אבר ואבר כנזכר לעיל, הנה בתוכם הוא נר"ן. ואם כן נמצא כי **הנפש שורה בכבד**, ובאמצעיתו משלחה הארותיה אל הכלים החיצונים, על ידי וורידי הדם כנזכר, ואם כן נמצא כי אורות הנפש יאירו בכלי החיצון. **ורוח שורה בלב**, ובאמצעיתו שולח פארות הארותיו אל הכלים האמצעים, על ידי העורקים הדופקים כנזכר לעיל. **והמוח שורה בו הנשמה**, ובאמצעיתו שולח הנשמה פארות הארותיו אל הכלים הפנימים, על ידי הגידין כנזכר לעיל.
75

תרשים ג – י.
76

תרשים ג – י"א.
77

נהר שלום, דרוש הדעת דמ"א ע"ג – ונבאר עתה כל זה בפרטות פרצוף אחד שהוא זעיר, וממנו תקיש בכללות כל הפרצופין יחד, דע כי ז"א הוא פרצוף אחד כולל עצמות וכלים, והכלים שבו הם נכללים בשלוש,

והלב שהוא משכן הרוח, כולל עשר ספירות, מאיר לכלי אמצעי של כל אבר שבגוף, והכבד שהוא משכן הנפש, כולל עשר ספירות, ומאיר לכלי החיצון של כל אבר שבגוף. וכנגד[78] האורות דחיה ויחידה אין כלים, והם בחינת מקיפין. **ופשוטו הוא** שכאן הרב ז"ל לא מתכוון שהכבד הוא בעיגולים, והלב הוא ביושר, מפני שעיגולים ויושר הם שתי מערכות שונות, ואין חיבור של ספירה או פרצוף של בחינה אחת, מתחברת עם הבחינה האחרת. אלא הכוונה היא כי העיגולים בערך היושר, הם כמו הכבד בערך הלב, כמו שמבאר הרב בית לחם יהודה. לכן לכל בחינה ובחינה של העיגולים או היושר יש בו את הבחינות של כבד מוח לב, ובו מתלבשים הנר"ן דאותה בחינה. **מבחינת ההלכה** מותר לאכול מוח לב וכבד, עם[79] כל זאת הזהירו האר"י הקדוש וחכמי הקבלה לאכול אותם, מפני שהם מביאים לטמטום הלב.

כי **הכבד למטה, וכולל עשר מדות** שהם שם כל האיברים, ומתלבש על ידי הורידין שבו, בכל הגוף. **והלב גבוה ממנו, וכולל עשר מדות**, ומתלבש תוך בחינת הכבד, על ידי הדפקים שבו, ומתפשט בכל הגוף. **והמוח גבוה מכולם, וכולל עשר מדות**, מתלבשים תוך בחינת הלב, על ידי הגידים, המתפשטים ממנו, ומתפשט בכל הגוף. ועל דרך זה ממש נחלק העצמות בשלוש, **נשמה ורוח ונפש**, מתלבשים זה בתוך זה, ומתפשטים בכל הגוף, לכן **הכבד משכן הנפש, והלב משכן הרוח, והמוח משכן הנשמה.**
78

ע"ח ח"ב ש"מ דרוש י"ב מ"ב דפ"ה ע"ב – צריך להאיר עיניך שלא תטעה, במה שמבואר לעיל, ותחשוב כי כמו שיש בכל פרצוף ופרצוף, שבכל עולם ועולם, חמשה בחינות נרנח"י, הנקרא פנימיות, שכן יש גם חמשה בחינות כלים כנגדן, כי אין הדבר כן. והענין כי הנה הכלים הם החיצוניות ועביות, ולא יכלו להתלבש כל חמשה מיני נשמה, רק השלושה תחתונים לבד, שהם נר"ן, ולאלה בלבד היו כנגדם כלים וגופים. **אך חיה ויחידה שבכל פרצוף, אין כנגדן כלים בפרצוף ההוא עצמו, שיתלבשו בהם, אך נשארין בחוץ בלתי כלים, בסוד מקיף**, כמו שנבאר. ואם כן נמצא כי בחיצוניות לא יש רק שלוש בחינות לבד, שהם שלוש כלים, חיצון אמצעי ופנימי, כדי שיתלבשו בתוכם נר"ן, שיש כנגדם כלים. **אך היחידה וחיה אין כנגדן כלים לשיתלבשו בתוכם, ונשארין בסוד אור מקיף**, כמו שנבאר. ונבאר ענין הפנימיות תחלה, הנה **הנפש נכנסה תחלה בתוך כלי החיצון, ועיקר הארתו הוא בכבד**. ואחר כך **נכנס הרוח בכלי התיכון, ועיקר גילוי הארתו הוא בלב**, ומשם מתפשט למטה עד הכבד, מתלבש תוך הנפש שבכבד, אך מן הלב עד הכבד היא מתגלית ומשם ולמטה מתלבשת תוך הנפש. ואחר כך **נכנסה הנשמה בכלי הפנימי, ועיקר הארתו במוח**, ומשם מתפשט למטה עד הלב, ומתלבשת תוך הרוח, אשר שם וגם היא מתפשט עד הכבד, בהיותו מלובשת תוך הרוח, המתלבש תוך הנפש שבכבד כנזכר לעיל, **והבן זה מאד.**
79

גמרא הוריות די"ג ע"ב – תנו רבנן, חמשה דברים משכחים את הלימוד. האוכל ממה שאוכל עכבר, וממה שאוכל חתול, **והאוכל לב של בהמה**, והרגיל בזיתים, והשותה מים של שיורי רחיצה, והרוחץ רגליו זו על גבי זו, ויש אומרים אף המניח כליו תחת מראשותיו.

בן איש חי, שנה שניה, פרשת אמור אות י"א – הלב, קורעו ומולחו, ואחר כך יבשלו אפילו עם בשר. **אך הרבה נוהגין שלא לאכול לב**, בין של בהמה, בין של עופות מפני דמטמטם את לבו של אדם. ולפי דעת רבנו האר"י ז"ל גם **מוח וכבד** מטמטמין לבו של אדם, **ואין לאכלם**, וסימנם – ראשי תבות "מלך". וראוי שהנזכרים יזהרו בהם ביותר שלא לאכלם, וכן העוברות ומניקות גם כן יהיו **נזהרים לבלתי יאכלו שלשה הנזכרים.**

בן איש חי, שנה שניה, פרשת אמור אות י"ד – חלב נכרית, אף על פי דמן הדין דינו כחלב ישראלית, עם כל זה, אם צריך לתינוק מינקת, ישתדלו מאד שלא להניקו מן הנכרית, מפני דחלב נכרית מטמטם הלב ביראת שמים, ומוליד בו טבע רע ואכזריות. ואף על פי שזאת הנכרית יושבת בבית ישראל, ואוכלת מאכלים של היתר בלבד, שומר נפשו ירחק ממנה, ולא ייתן את בנו לה להניקו. אבל היכא דאי אפשר בישראלית בשום אופן, שרי, דהוי סכנה. ועיין משבצות זהב, ושיורי ברכה. ואפילו מינקת ישראלית, אם תאכל בזמן יניקה דברים רעים, כגון שיש לה חולי שיש בו סכנה, ואמר הרופא שתשתה חלב אתון וכיוצא לרפואה, אז חלבה יזיק לתינוק היזק נפשיי. וכן תזהר שלא תאכל **מוח ולב וכבד** בזמן היניקה. וכן התינוק עצמו אף על פי שהוא קטן הרבה, לא יניחוהו לאכול דברים אסורים.

כף החיים, אורח חיים סימן קנז אות כ"ח – הרבה נוהגין שלא לאכול לב בין של בהמה בין של עופות, מפני דמטמטם את ליבו של אדם, ולפי דעת רבינו האר"י ז"ל גם מוח וכבד מטמטמין ליבו של אדם ואין לאכלם, וסימנם ראשי תיבות מל"ך.

אמנם בין בבחינת העיגולים ובין בבחינת היושר **ההפרש בין הכלים של נפש והכלים של** **הרוח,** הוא כי **כבר נודע כי**[80] **אבר הכבד** בכל שיעור קומה או פרצוף **הוא משכן** **להאור הנקרא נפש,** וסימן לדבר נרמז בפסוק **כי**[81] **הדם**[82] **שהוא כבד, שמלא** **דם, הוא הנפש,** וממנו מתפשטים הורידים, אל הכלים החיצוניים דכל אבר ואבר שבגוף. **ואבר הלב** [די"ג ע"א 25] הוא **משכן** לאור הנקרא **רוח** וממנו מתפשטים דופקים, אל הכלים האמצעים דכל אבר ואבר שבגוף. **ואבר המוזז משכן להאור הנקרא נשמה** וממנו מתפשטים הגידין, אל הכלים הפנימים דכל אבר ואבר שבגוף. **ואין זה מקום ביאור לדברים אלו,** והם יתבארו לקמן. **והנה** **עם הקדמה שהקדמנו לך בענף זה** בענין אורות הנרנח"י, **יתבאר כל אזוד ואזוד** מהבחינות האלה **במקומו הראוי לו באורך ובפרטות.**

הכלל העולה כי התחזלת האצילות נאצלו העולמות **בזה האופן הנזכר, כי** **תחזלה נאצלו** מהארת קו היושר של הפרצוף העליון **עשר ספירות בבחינת עיגולים, והם** **עשר כלים** שנאצלו מהרשימו[83], **ובכל כלי** וכלי מהעשרה כלים, יש **מהם יש בו פנימיות** הכלי, **והצד החיצון** שבו, ר"ל לאותו כלי יש בחינת פנימיות כלי, וחיצוניות הכלי, **ובתוך העשר כלים** שהם כח"ב חג"ת נהי"מ **אלו נתלבשו עשר ספירות** דעצמות האורות, **הנקראים** **נפש** שהם נרנח"י דנפש. **ועוד**[84] לבחינת העיגולים יש עוד **עשר אורות מקיפים על הכלים** **מבזוזץ, וגם הם בבזינת נפש, אלא שנקרא אורות מקיפים** שהם אור מקיף לכל כלי

80

בית לחם יהודה ש"א פ"ג ד"ג ע"ד – כי אבר הכבד הוא משכן להאור הנקרא נפש וכו'. ואבר הלב משכן לרוח וכו'. אינו רוצה לומר שהכבד הוא בעיגולים והלב ביושר, דאיך יתכן להיות הכבד במקום אחד והלב במקום אחד, אלא כלומר שהעיגולים הם בערך הכבד אל הלב שהם יושר.

81

דברים י"ב כ"ג – רק חזק לבלתי אכל הדם כי הדם הוא הנפש ולא תאכל הנפש עם הבשר.

82

גמרא חולין דק"ט ע"ב – **אמרה ליה ילתא** (אמרה לו אשתו של רב נחמן שקראו לה ילתא(**לרב נחמן**)בעלה(, **מכדי כל דאסר לן רחמנא**)כל מה שאסר הקדוש ברוך הוא בתורה(**שרא לן כוותיה**)התיר דומה לו בהלכה(, **אסר לן דמא**)אסר לאכול דם(**שרא לן כבדא**)התיר לנו לאכול כבד שכולו דם(.

83

מעין החכמה פ"א ע"א – יתברך שמו הגדול, כשעלה ברצונו הפשוט)כי אין שייך לומר ברצון הבורא השתנות ח"ו, על כן אנו צריכין לומר הפשוט(להיטיב, ובאם אין עולם למי ייטיב, כדי להוציא את מחשבתו אל הפועל. כביכול צמצם שכינתו למעלה, בסוד צמצם שכינה בין שני בדי ארון, ואותו חלל הנשאר נקרא אויר קדמון, ולא חלל, כי מלת חלל מורה שאין בו שום דבר. אבל בכאן **נשאר רושם,** לפי שבכל מקום שהשכינה שורה, אף אם היא מסתלקת ומתעלה, **נשאר במקום ההוא רושם,** אותה קדושה. וזהו **רשימו עילאה,** מובא בספר הזוהר, ונקרא גם כן אויר קדמאה. ונקרא גם כן טהירו עלאה, ולא טהירא סתם.

84

בית לחם יהודה ש"א פ"ג ד"ג ע"ד – ועוד יש עשרה אורות מקיפים על הכלים מבחוץ וגם הם בחינת נפש. ומקום עמידת המקיפין דעגולים הם היו על כל כלי וכלי בפני עצמו, ואינם במקום אחד על גבי עשרה עגולים.

מְבַּזְוּין, וְהָאוֹרוֹת הָאַזְּזְרִים שבתוך הכלים נִקְרָאִים אוֹרוֹת פְּנִימִית ר"ל אור פנימי בכל כלי, וְהַכֹּל הוּא בִּבְזֹיִנַת עִיגּוּלִים. כִּי אוֹר פְּנִימִי שבתוך העיגולים הוּא כְּעֵין גַּלְגַּל, וגלגל זה הוא בעצם כדור, וְהוּא מִתְלַבֵּשׁ תוֹך כֹּל כְּלִי אֶזֶזֹד ואחד מְעוּגָל גַּם הוּא, וְעַל הַכְּלִי המעוגל הַזֶּה, יֵשׁ אוֹר מַקִּיף עָלָיו בְּעִיגּוּל, כְּדִמְיוֹן הַגַּלְגַּל סָבִיב לוֹ.

לרב ז"ל אין כוונה להתעסק בציור העולמות בשער זה, וציור העולמות מבואר[85] לקמן. עוד בסוגיה זאת, מבאר הרב ז"ל את בחינת המלאכים הנקראים אופנים, שהם כדוגמת העיגולים, כי פירוש אופן הוא גלגל. צָרִיך לָדַעַת שיש הבדל בין דעת[86] הזוהר הקדוש, לדעת[87] הרמב"ם, בבחינות סדר מדרגת המלאכים, וסוגי המלאכים, ואפשר שמדובר בעולמות

85

ע"ח ח"ב שמ"ג הקדמה לדרוש מ"ב דצ"ד ע"ד – אני הצעיר חיים וויטל ראיתי לחבר דרך קצרה בענין ציור עולמות תחתונים, וגן עדן וגיהנם, **בקיצור מופלג מאד**, ראשי פרקים. וצריך שתדע תחלה מה שהודעתיך בחיבורי הגדול, אשר שם הודעתיך השתלשלות כל העולמות מא"ס עד המלכות נוקבא דאצילות, ושם הודעתיך שעצמות אור יושר הפנימי דמלכות הוא מלביש כל הבחינת היושר מא"ק, עד ז"א, הן בחינת עצמות, הן בחינת כלים. וכלים דנוקבא ז"א מלבישים עצמות שלה, בכל בחינת כמו שיתבאר לעיל, והכל בחינת יושר. ואחר כך שלוש עולמות בי"ע, מלבישים על היושר שלהם, את עצמות וכלים דנוקבא דאצילות בכל בחינותיהן. ואחר כך על כל בחינות אלו דבי"ע, מקיף עליהם אור יושר מקיף אור מקיף דנוקבא דאצילות, ועל מקיף זה בחינת העיגולים של נוקבא כו'. עד שנמצא שעל הכל מקיף אור הא"ס, **וכל העולמות בתוכו כגרגיר חרדל בים אוקיינוס**. ונמצא הכלל העולה בקיצור שהא"ס מקיף כל העולמות בהשואה גמורה, ומצד האחד שהוא הנקרא עתה ראש א"ק, נפתח צינור אחד, ונמשך אור א"ס ביושר מעילא לתתא תוך א"ק כולו, ושם נפסק כולו בסיום אדם הנזכר לעיל. נמצא שהא"ס מאיר בעולמות כולם, בשתי אופנים מבית ומחוץ. מחוץ הוא סובב כל העולמות, ומבפנים הוא תוך הא"ק הנזכר לעיל, אשר הא"ק זה הוא פנימי מתלבש בתוך העולמות כולם. ונמצא שפנימיות עולם עשיה בבחינת היושר, הוא החיצון שבכל הפנימיות שבכל עולמות כולם, והעיגולים של העשיה המקיפים על הפנימיות שהוא היושר שלהם, הם העיגולים היותר פנימי שבכל עיגולי העולמות כולם. נמצא שאור היושר הפנימיות של העשיה הוא יותר רחוק מאור הא"ס הפנימית, המתלבש תוך הא"ק, ואור העיגולים שעל העשיה הם יותר רחוקים מאור א"ס המקיף כל העולמות. ובזה תבין גדרי מעלות כל העולמות כסדרן, כי א"ק בין בבחינת הפנימית והיושר שלו, בין בבחינת העיגולים שלו, הוא דבוק בא"ס תכלית הדביקות. ואחריו הוא אצילות המתרחק, בין בבחינת העיגולים, בין בבחינת יושר מא"ס, ואינו יונק אלא ע"י א"ק. וכיוצא בשאר העולמות, עד שנמצא שעולם עשיה הוא תכלית ההרחקה מא"ס, הן מצד הפנימי, הן מצד המקיפים. גם תבין איך אור הא"ס הוא פנימי וחיצון, ואור פנימי הוא היוצא לחוץ, ואור המקיף נכנס בפנים, ועל ידו מתקיימים כל העולמות. **ושמור כלל זה הנזכר לעיל היטב**, כדי שתבין כל מה שנכתב אחר כך בע"ה.

86

ספר הזוהר, פרשת בא דמ"ב ע"א עם ביאור ותרגום – **ותקין לכרסייא כתות לשמשא ליה** המאציל יתברך תיקן עשר כיתות מלאכים בעולם היצירה , שהם משמשים את הכסא, שהוא עולם הבריאה, **דאינון** והם נקראים, א' – **מלאכים**, ב' – **אראלים**, ג' – **שרפים**, ד' – **חיות**, ה' – **אופנים**, ו' – **חשמלים**, ז' – **אלים**, ח' – **אלהי"ם**, ט' – **בני אלהי"ם**, י' – **אישי"ם.**

87

הרמב"ם, ספר המדע, הלכות יסודי תורה פ"ב ז' – שינוי שמות המלאכים על שם מעלתם הוא. ולפיכך נקראים **חיות הקודש**, והם למעלה מן הכל, **ואופנים, ואראלים, וחשמלים, ושרפים, ומלאכים, ואלהי"ם, ובני אלהי"ם, וכרובים, ואישים.** כל אלו עשרה שמות שנקראו בהן המלאכים על שם עשר מעלות שלהן הן. ולמעלה שאין למעלה ממנה אלא מעלת האל ברוך הוא, היא מעלת הצורה שנקראת חיות, לפיכך נאמר בנבואה שהן תחת כסא הכבוד. ומעלה עשירית היא מעלת הצורה שנקראת אישים, והם המלאכים המדברים עם הנביאים, ונראים להם במראה נבואה. לפיכך נקראו אישים שמעלתם קרובה למעלת דעת בני אדם.

שונים. **צריך לדעת** כי כאן הרב ז"ל משוה[88] בין עולמות דעיגולים, לסוד הרקיעים בעולם השפל הזה, וגם יש בכל עולם
ועולם בחינת רקיעים, הנקראים[89] וילון, רקיע, שחקים, זבול, מעון, מכון, ערבות. וכן[90] הוא בספר הזוהר הקדוש.

וְכָל הָעֶשֶׂר סְפִירוֹת דְעִיגּוּלִים הֵם עַל דֶּרֶךְ זֶה ר"ל דומה, **כַּתְמוּנַת הַגַּלְגַּלִים
וְהָרְקִיעִים, הַנִּקְרָאִים** מלאכי **הָאוֹפַנִּים** כי[91] אופן הוא גלגל, **שֶׁהֵם הָרְקִיעִים שֶׁעָלֵינוּ
בָּעוֹלָם הַזֶּה הַשָּׁפָל.**

88

תרשים ג – י"א.

89

גמרא חגיגה ע"יב ד"ב – אמר רבי יהודה שני רקיעים הן שנאמר - הן להוי"ה אלהי"ך השמים ושמי השמים.
ריש לקיש אמר שבעה ואלו הן: וילון, רקיע, שחקים, זבול, מעון, מכון, ערבות,
וילון –)עטרת היסוד(אינו משמש כלום אלא נכנס שחרית ויוצא ערבית, ומחדש בכל יום מעשה בראשית,
שנאמר - הנוטה כדוק שמים וימתחם כאהל לשבת.
רקיע –)יסוד(שבו חמה ולבנה כוכבים ומזלות קבועין, שנאמר - ויתן אותם אלהי"ם ברקיע השמים.
שחקים –)נצח הוד(שבו רחים עומדות וטוחנות מן לצדיקים, שנאמר - ויצו שחקים ממעל ודלתי שמים
פתח וימטר עליהם מן לאכול וגו'.
זבול –)תפארת(שבו ירושלים ובית המקדש ומזבה בנוי, ומיכאל השר הגדול עומד ומקריב עליו קרבן,
שנאמר - בנה בניתי בית זבול לך מכון לשבתך עולמים, ומנלן דאיקרי שמים דכתיב - הבט משמים וראה
מזבול קדשך ותפארתך
מעון –)חסד(שבו כיתות של מלאכי השרת שאומרות שירה בלילה, וחשות ביום, מפני כבודן של ישראל,
שנאמר - יומם יצוה הוי"ה חסדו ובלילה שירה עמי,
מכון –)גבורה(דכתיב - ואתה תשמע השמים מכון שבתך.
ערבות –)קודש קודשים כחב"ד(אתה כוונתה שם אופנים, ושרפים, וחיות הקדש, ומלאכי השרת, וכסא
הכבוד, מלך א"ל חי רם ונשא שוכן עליהם בערבות, שנאמר - סולו לרוכב בערבות ביה שמו.

90

ספר הזוהר, פרשת שמות ד"י ע"ב עם תרגום והסבר – **אבל יש הבל, שלמה מלכא עבד ספרא** שלמה
המלך כתב ספר, שנקרא קהלת, **דא ואוקים ליה על שבעה הבלים** ויסד אותו על שבעה הבלים, **דעלמא
קיימא עלייהו** שהעולם עומד ומתקיים בהם, **ואינון שבעה עמודין סמכין דעלמא** שהם שבעה עמודים
שהעולם סומך עלהם, והם סוד שבע ספירות דז"א, שבכחם נברא העולם, **לקבל שבעה רקיעים** כנגדם יש את
שבע רקיעים, שהם סוד העגולים, **ואלין אינון** ואלא הם, **וילו"ן** שהוא כנגד עטרת היסוד, **רקי"ע** כנגד יסוד,
שחקי"ם הם כנגד נצח הוד, **זבו"ל** כנגד התפארת, **מעו"ן** חסד, **מכו"ן** גבורה, **ערבו"ת** הוא סוד היכל קודש
הקודשים שהם כחב"ד, **ולקבלייהו** וכנגדם שלמה המלך כתב בספר קהלת – **הבל, הבלים ,אמר קהלת, הבל,
הבלים, הכל הבל**, ויש בפסוק הזה שבע פעמים הבל, כי מעוט רבים שתים, וכאשר כתוב הבלים, שהוא לשון
רבים, המעוט שלהם הוא שתים, **כמה דאינון שבעה רקיעין** כמו שהם שבע רקיעים.
ספר הזוהר, פרשת פינחס רעיא מהימנא דרל"ו ע"א עם תרגום ובאור – **פתח רעיא מהימנא ואמר** לרבי
שמעון ולחברים, **והא כתיב** בתפילת נשמת כל חי **ושפתותינו שבח כמרחבי רקיע. ושבע רקיעין אינון**
שבעה רקיעים הם כנגד שבעה ספירות שהם עשרה, והם עטרת היסוד **וילון**. היסוד **רקיע.** נצח והוד נקראים
שחקים. תפארת נקרא **זבול.** ספירת החסד נקראת **מעון.** והגבורה **מכון.** ובחינת **ערבות** הוא קודש הקודשים
הכולל את כל הכחב"ד.

91

ע"ח ש"ב ענף ב' מ"ב ט"ו ע"ד – באופן שעשר עיגולים דא"ק, הם מתעגלים ומקיפים וסובבים כל שאר
עיגולים, אשר בכל העולמות, וכל שאר העיגולים הם מוקפים תוך אלו, כי כל עיגול המשובח מחבירו, הוא
מקיף את חבירו, וסובב אותו, והיותר תחתון במעלה מחבירו, הוא יותר פנימי, והוא מסובב מחבירו, עד

ואזור כך ר"ל אחרי אצילות עולמות העיגולים, **נאצלו עשר ספירות בבחינת יושר,** כמראה אדם, והם יותר מעולים במעלה מן בחינת **העיגולים** שהם נרנח"י דנפש, **כי הם** ר"ל בחינת היושר, **בבחינת הרוזז** ר"ל נרנח"י דרוח, **והם** כמו בחינת העיגולים יש להם **עשר כלים,** אבל הם ביושר **בציור אדם אזוז,** כולל כל עשר כלים, ובכל כלי מהם **יש בו** בחינת **פנימיות** הכלי **וחיצוניות** הכלי, ובתוך הכלים האלה מתלבשים **עשר ספירות בבחינת העצמות האורות, הנקראים** נרנח"י דרוזז.

ועוד [92] **יש** לבחינת הרוח **עשר אורות אזורים, המקיפים על הכלים** שלהם **מבחוז,** וגם הם מבחינת רוזז, והכל הוא בדרך יושר, עשוי כמראה אדם הנזכר לעיל.

ועל דרך זה בכל העולמות א"ק ואבי"ע **הנאצלים, והנבראים, והיצורים, והנעשים,** דהם כנגד עולמות אבי"ע, **אשר נתתקנו תוך המקום החלל והאויר הפנוי** כנזכר לעיל שנעשה מהצמצום. **כי במקום הזה** ר"ל בחלל זה **נתהוו כל העולמות כולם,** אין דבר זוזצה לו, ואור **הא"ס מקיף וסובב עליהם** כולם. **ומאיר** הא"ס הארה **לכל העולמות אשר בתוך המקום הזה, מכל צדדיהם, בהשוואה אזזת,** וכל עיגול ועיגול מקבל שפע לפי בחינתו. **מלבד מה שמאיר בהם עיקר האזרה האמיתית,** שהיא בחינת עצמות אור א"ס **הגדולה והחמישית** המשפיעה **דרך קו** היושר המתפשט **במנו** ר"ל מהא"ס, **ונמשך בתוך כל העולמות האלו** כנזכר לעיל.

שנמצא היותר פנימי מכולם, הוא גרוע מכולם. והם בחינת הרקיעים והגלגלים של עולם העשיה, שהם עשר גלגלי הרקיע, הנזכר בהקדמת התיקונים, והם נקראים אופנים **אשר הם הרקיעים הסובבים עלינו בעולם השפל, ובעולם החומרי הזה.** ומבואר הוא, שמאחר שהם יותר פנימיים ותוכניים שבכל העיגולים. אם כן פשוט הוא שיהיו יותר תחתונים, מהם כגלדי בצלים זה בזה, שהגלגל החיצון העליון מכולם, הוא יותר גדול, ועל דרך זה הם נכללים ומתלבשים זה בתוך זה.

92

בית לחם יהודה ש"א פ"ג ד"ג ע"ד – ועוד יש עשרה אורות המקיפין על הכלים מבחוץ. לא רק בא"ק בלבד איכא עשר ספירות דיושר ודעגולים, ועשר מקיפין דיושר, ועשר מקיפין דעגולים, אלא הם בבחינת כל הפרצופים כולם באין הפרש. ודי כי עשר מקיפין דיושר הנזכרים הם בחינת חלק האור שלא נכנס בתוך הכלים מעולם, שמרוב גודלו לא היה יכול להכנס ולהתצמצם בתוך הכלי, ונשאר אור מקיף בחוץ. כמבואר בענף א' דשער ב', והוא אור מקיף הנקרא יחידה, הנזכר בסוף פרק ג' דשער מ"ב, ובפרק א' דשער מ"ה, ובמבוא שערים דף י"ג ע"ד, יעו"ש. ואינו בחינת אור מקיף דחיה, הנזכר גם כן במקומות הנזכרים, כי אור מקיף דחיה הוא יוצא באור חוזר, מדרך שערי רישא, והוא דבוק על גבי הכלים דאותו הפרצוף, ואינו רחוק ממנו, כמבואר התם. אבל עשר מקיפין דיושר דקאי בהו הכא, הם רחוקים מאוד מעשר ספירות של היושר שלהם, והם מקיפין על כל העיגולים של שאר הפרצופים שלמטה מהם, כמבואר בענף ד' שבסמוך. ועיין עוד בדברינו בפרק א' דשער מ"ד, בד"ה וכן על דרך זה וכו', משמן ששון.

הרב ז"ל חוזר **ומבאר שוב** כי בכל פרט ופרט מכל עולם ועולם, מכל פרצוף ופרצוף, מכל ספירה וספירה, מכל הנאצל נברא, נוצר ונעשה יש לו בחינת יושר ועגולים. ובבחינת[93] העיגולים, העגול הכי חיצון היא בחינה יותר גדולה והזכה ביחס לעיגול היותר פנימי, וכן עד סוף העיגולים, כאשר העיגול הכי פנימי, הוא הבחינה הקטנה ביותר. וכן בבחינת היושר, הבחינה הפנימית ביותר היא הגדולה ביותר, והבחינה החיצונית ביותר היא הגרועה ביותר.

וכל עולם ועולם ומהם וכל פרט ופרט פרצוף או ספירה **שבכל עולם ועולם יש בו שתי בחינות הנזכרים לעיל, שהם העגולים והיושר. והעגולים הם בבחינה ראשונה, כי המעולה** שהוא עיגול הכתר דא"ק, זך **מזבירו** שהוא עיגול החכמה ד"א **סובב ומקיף על זבירו** ר"ל על עיגול החכמה דא"ק, שהוא פחות זך מעיגול מעגול הכתר דא"ק, **והעיגולים היותר פנימיים תוכניים מכולם הם היותר גרועים** שהם העיגולים דבינה, חסד, גבורה, תפארת, נצח, הוד, יסוד דא"ק, עד בחינת המלכות דא"ק, שהיא הגרועה ביותר מבחינה זכות מכל עיגולים דא"ק. ובתוך עיגל המלכות דא"ק, נמצאים עיגולי עולם האצילות. ובתוכם עיגולי עולם הבריאה. ובתוכם עיגולי עולם היצירה. ובתוכם עיגולי עולם העשיה. כאשר כל בחינה ובחינה נפרטת לפרטים ופרטי פרטים, עד הפרט האחרון שבעיגולי המלכות דמלכות דעשיה, והיא התחתונה והגרועה **מכולם**, ר"ל מכל העיגולים שמעליה, ועיגולי המלכות שבמלכות דעולם העשיה **הלא המה הרקיעים והגלגלים הסובבים על עולם השפל** העולם הגשמי שאנו חיים בו, **שהם** ר"ל הרקיעים והגלגלים דעולם העשיה **נתונים תוך כל העיגולים** שמעלים, **ובאמצע** העיגולים **כולם.**

---

⁹³

93

פרדס רמונים ש"ב פ"ז – והוא ראה בחכמתו שאם לא ירד הכתר בעצמו עשר מעלות, אי אפשר להיות החכמה נאצלת ממנו כלל ועיקר. וכן אם לא היתה החכמה יורדת עשר מעלות, לא היה באפשרות הבינה להתאצל ממנה. וכן לכל הספירות, וכן לכל החלקים והנקודות. וזה הדין, וזה הטעם לאבי"ע, כי באצילות יש אבי"ע, ובבריאה יש אבי"ע, וביצירה אבי"ע, ובעשיה אבי"ע. כי ענין אבי"ע הם כללות כל הנבדלים, מן המחויב הראשון א"ס, מלך מלכי המלכים הקדוש ברוך הוא, מן הכתר עד הנקודה האמצעית שבטבור הארץ. והם מיני מיני ירידתם בארבעה מדרגות. וכן כל אחד מהם כאשר נברא לחלקים, נחלקם לארבעה מדרגות, וכן כל מדרגה ומדרגה, לארבע מדרגות. אלא שהארבע של אצילות הם דקות כל כך, עד שעשייה שבאצילות סיבה ועילה אל אצילות שבבריאה, וכן עשיה שבבריאה היא סיבה ועילה אל אצילות שביצירה, וכן על הסדר הזה כל המדרגות, וכל החלקים, עד שנמצא המציאות כמנורה של פרקים מתייחדים ומתחבקים איש באחיו כמבואר. ואחר שהתעוררנו בזה רצוני בדבר זה להתעורר על שאלת מנין העשר ששאלנו בפרקים הקודמים, **ידוע כי כל עלול מוקף מעילתו, והעילה מקיף העלול,** כאשר נאריך בשער עמידתן בס"ד. ועתה נצייר צורה גופנית והיא עגול בתוך עגול כזה **]אח"י** - יש כאן תרשים, וכאן הוא **תרשים ג - י"ב[.** עד שהריוח לא יעבור בין הגלגלים האלה. ועתה הישאל השואל למה המצייר הזה, לא צייר בתוך העגולים האלה יותר עגולים אחרים. הלא ודאי נקהה את שניו, ונאמר לו כי רוח אסף בחפניו, כי אי אפשר להיות עוד תוספות על חשבון עגולים, אחר שהם יורדים איש מאת אחיו כנקודה, ואי אפשר במציאות להיות עוד עגול בתוך העגולה הגדולה המקפת את כולם בתוכה. **והנה מן הצורה הגופניית נעלה שכלנו אל הרוחניית** אשר אנו בביאורה. ידוע כי הספירות הם יורדים איש מאת אחיו, כהבדל שבין עלה ועלול, ולכן הם זו בתוך זו, עלול מוקף מעילה, כדמיון העגולים האלה, שהגדול מקיף הקטן ממנו, שהוא העלול. ולכן הכתר הוא מקיף אל החכמה, והוא עילתו. **וחכמה יורדת מהכתר,** כערך מה שבין עילה ועלול. והחכמה עילה אל הבינה, והרי בינה יורדת מהחכמה מדרגה אחת, ויורדת מאת הכתר שתי מדרגות, שהיא עלולה מזאת העלולה ממנה. ועל דרך זה ירידת המדרגות עד המלכות. **והנה המלכות הוא סוף לאצילות, וראש לבריאה, והיא לבריאה כערך הא"ס לאצילות.** והמדרגה האחרונה שבבריאה אל היצירה, כערך המלכות אל הבריאה. **וזהו סדרם עד בואם אל הגלגלים,** דרך מעלות הנעלמות ונסתרות לנו, ונגלות אל הבקיאים במעשה בראשית ובמעשה מרכבה.

אבל בחינת **היושר הוא להפך** מבחינת העיגולים, **כי** בבחינת היושר **היותר פנימי** שהוא בחינת הכתר דא"ק המלביש על קו היושר **הוא עליון ומעולה** והזך מלביש חכמה דא"ק, בינה, חסד, גבורה, תפארת, נצח, הוד, יסוד ומלכות דא"ק מלבישים אחד על השני, ועליהם מלבישים עשר ספירות דעולם האצילות, ועליהם עשר הספירות דבריאה, ועליהם עשר הספירות דעשיה, כך ממדרגה למדרגה, **וזזיצון שבכל** המדרגות **כולם** שהוא בחינת מלכות דמלכות דעשיה, **שהוא יותר גרוע** ר"ל הפחות זך **מכולם**, וכן הוא בעולמות[94], בפרצופים[95], ובספירות[96]. וכן[97] בפרטים דכל בחינה, ובפרטי פרטים עד אין קץ. **ובחינת היושר** הוא **זה מלביש לזה, וזה לזה, עד שהגרוע שבכולם, הוא מלביש לכולם, והבן כל זה היטב.**

הקושיה חוזרת איך יש אמצע בא"ס, הרי זה סתירה, אם הוא א"ס מה שייך בו אמצע, ואם יש אמצע הוא לא א"ס. אבל מדובר[98] במשל נפלא כדי לשכך את האוזן, וכל בחינת אמצע[99] היא בערכינו. עוד הסבר לנקודה האמצעית שהיא בחינה ממוצעת בן הכח הבלתי תכליתי לכח התכליתי.

---

[94]

תרשים ג – י"ד.

[95]

תרשים ג – ט"ו.

[96]

תרשים ג – ט"ז.

[97]

ע"ח ש"ג פ"ב מ"ב דט"ז ע"ד – אמנם דע כי כל בחינה חמשה פרצופים שבכל עולם ועולם הנזכרים לעיל. הנה כל אחד כלול מרמ"ח אברים, ושס"ה גידין, **וצריך המעיין לחקור** על ניתוח אברים שבכל פרצוף ופרצוף, איך יפגשו אבר פרצוף זה, באבר פרצוף המלבשת אותו. כי אין עומדים כל הפרצופים בשוה, ובקומה אחת, נמצא כי ראש המלכות דעשיה, נפגשה בתחתית העקב דא"ק, וכן על דרך זה בכל שאר הבחינות, לא יכילם העין, כי אם נגולו כספר השמים, וכפי דבוק זה האבר שבזה הפרצוף, באבר הפרצוף שכנגדו, לפעמים יפגשו עין בחוטם, ואזן בעקב, וכיוצא בזה לאין קץ.

[98]

ע"ח שמ"ב פ"א דפי"ט ע"ב – הזהירו בו החכמים במופלה ממך אל תדרוש, אמנם תכלית מה שאנחנו יכולים לדבר בו הוא כי הכתר הוא בחינה ממוצע ממאציל ונאצל, והטעם הוא כי הוא הבחינה היותר אחרונה מכל האפשר בא"ס אשר הוא האציל בחינה אחת, אשר בה שורש כל העשר ספירות בהעלם ודקות גדול, שאי אפשר להיות לנאצל דקות ממנו, כי תהו אשר למעלה ממנו אין עוד, זולת האפס המוחלט כנזכר לעיל. ונמצא כי יש בבחינה זו שתי מדרגות, האחת הוא בחינה היותר תחתונה ושפלה מכל בחינת הא"ס, וכאלו נאמר **דרך משל** שהוא בחינת מלכות שבמלכות, ואף על פי שאינו כך, כי אין שם דמות וספירה ח"ו כלל, **רק לשכך את האזן נדבר כך.** והנה בזו המדרגה התחתונה שבא"ס, יש בה כללות כל שלמעלה ממנה, ומקבלת מכולם, כנודע שהמלכות מקבלת מכולם, במדרגה זו התחתונה היא האצילה את הבחינה השנית, שהיא המדרגה העליונה מכל מה שבכל הנאצלים, ויש בה שורש כל הנאצלים, והיא משפעת לכולם באופן שהיותר קטן מכל המאציל, האציל היותר מובחר מכל הנאצלים, ואין ביניהן מדרגה אחרת כלל.

[99]

חסדי דוד אות א' דמ"ח ע"ג – תחילת הכל היה אור הא"ס ב"ה פשוט, ואין דבר פנוי ממנו, וכשעלה ברצונו לברוא העולמות שיכירו גדולתו, **צמצם עצמו ונשאר חלל מקום בנקודה האמצעית שבו.** ובמקום ההוא האציל כל העולמות, והצמצום הוא שורש הדין, ומהרשימו נתהוו הכלים. ואחר כך המשיך קו אחד של אור,

הרב ז"ל חוזר ומבאר כי סיבת הצמצום היתה כדי שיעשו כלים לברוא את העולמות, ואז יכלו התחתונים לקבל במידה את שפע אורו, כל אחד כפי מדרגתו, וגם[100] כדי שיצאו פעולותיו ומידותיו מהכח לפועל.[101]

וְהִנֵּה אַחַר שֶׁהִשַּׂגְנוּ לָךְ הַקְדָּמוֹת הַנִּזְכָּרִים לְעֵיל איך עומדים העולמות דעגולים ויושר בתוך מקום החלל, **תּוּכַל לְהָבִין עַתָּה** את עִנְיַן סיבת צוֹרֶךְ הַצְּמְצוּם, אֲשֶׁר צִמְצֵם הָא"ס יתברך **אֶת עַצְמוֹ, בָּאֶמְצָעוּת אוֹר** הָא"ס שֶׁלּוֹ שהיה ממלא בתחילה את מקום החלל, **לְהַנִּיחַ מָקוֹם חָלָל וְרֵיק** כַּנִּזְכָּר לְעֵיל בֶּעָנָף[102] ב' דשער זה.

וְהָעִנְיָן הוּא שלהיות תכלית הבריאה שישתלשלו העולמות והפרצופים ממדרגה למדרגה עד בריאת העולם הגשמי התחתון הזה, שבו יש טוב ורע, ויהיה בחירה חופשית לאדם, וזה יהיה על ידי בהסתר פנים. ולכך הוכרח כביכול הא"ס לצמצם אורו **כְּדֵי לַעֲשׂוֹת בְּזוֹיְנַת כֵּלִים** שהאורות יתלבשו בהם, **כִּי עַל יְדֵי צִמְצוּם הָאוֹר וּמִעוּטוֹ, יֵשׁ אֶפְשָׁרוּת אֶל הַכְּלִי** שהוא בחינת הדין, המגביל את האור שלא יתפשט בלי קצבה, **לְהִתְהַוֹוֹת וּלְהִתְגַּלּוֹת, וּבְהִתְרַבּוּת הָאוֹר** שהוא בחינת החסד, **יִתְבַּטֵּל הַכְּלִי בְּמִעוּט כֹּחוֹ** מריבוי האור, כי לא יוכל **לְקַבֵּל הָאוֹר הָרַב וְהַגָּדוֹל** המתלבש בתוכו. **כְּמוֹ שֶׁמְּבוֹאָר**

והוא סוד הרחמים, ועל ידיו נתהוו עיגולים ויושר די"ב פרצופי א"ק, וי"ב פרצופי אבי"ע, והעיגולים נקרא נפש, והיושר רוח. ועיגולי כל הפרצופים קדמו ליושרם, וכן עיגולים ויושר של העליון, קודם לתחתון.....
100

ע"ח ש"א ענף ב' מ"ת די"ב ע"ג – דע כי תחלת הכל היה כל המציאות אור פשוט ונקרא אור א"ס ב"ה, ולא היה שום חלל, ושום אויר פנוי, אלא הכל היה אור א"ס. וכשעלה ברצונו להאציל הנאצלים, ולברוא הנבראים, לסיבה נודעת והוא ליקרא **רחום וחנון** וכיוצא. ואם **אין בעולם מי שיקבל רחמיו ממנו, איך יקרא רחום**, וכן על דר זה שאר הכינויים, הנה צמצם עצמו באמצע האור שלו בנקודת המרכז האמצעי, אל הסביבות והצדדים, ונשאר חלל בנתים.
101

ע"ח ש"א ענף ב' מ"ב די"א ע"ג – דע כי טרם שנאצלו הנאצלים, ונבראו הנבראים, היה אור עליון פשוט ממלא כל המציאות, ולא היה שום מקום פנוי בבחינה אויר ריקני, וחלל. אלא הכל היה ממולא מן אור א"ס פשוט ההוא, ולא היה לו בחינת ראש ולא בחינת סוף, אלא הכל היה אור אחד פשוט שוה בהשוואה אחת, והוא הנקרא אור א"ס.... **והנה אז צמצם את עצמו א"ס, בנקודה האמצעית אשר בו, באמצע אורו ממש,** (אמר מאיר בערכינו אמר הרב זה, וקל למבין). וצמצם האור ההוא, ונתרחק אל צדדי סביבות הנקודה האמצעית, **ואז נשאר מקום פנוי ואויר וחלל ריקני מנקודה אמצעית ממש.....** והנה הצמצום הזה היה בהשואה אחת בסביבות הנקודה האמצעית ריקנית ההוא, באופן שמקום החלל ההוא היה עגול מכל סביבותיו, בהשואה גמורה.
102

ע"ח ש"א ענף ב' מ"ב די"א ע"ג – דע כי טרם שנאצלו הנאצלים, ונבראו הנבראים, היה אור עליון פשוט ממלא כל המציאות, ולא היה שום מקום פנוי בבחינה אויר ריקני, וחלל. אלא הכל היה ממולא מן אור א"ס פשוט ההוא, ולא היה לו בחינת ראש ולא בחינת סוף, אלא הכל היה אור אחד פשוט שוה בהשוואה אחת, והוא הנקרא אור א"ס.... **והנה אז צמצם את עצמו א"ס, בנקודה האמצעית אשר בו, באמצע אורו ממש,** (אמר מאיר בערכינו אמר הרב זה, וקל למבין). וצמצם האור ההוא, ונתרחק אל צדדי סביבות הנקודה האמצעית, **ואז נשאר מקום פנוי ואויר וחלל ריקני מנקודה אמצעית ממש.....** והנה הצמצום הזה היה בהשואה אחת בסביבות הנקודה האמצעית ריקנית ההוא, באופן שמקום החלל ההוא היה עגול מכל סביבותיו, בהשואה גמורה.

לעיל **בענין שבעת מלכי אדום, והם הנקרא**ים **עולם הנקודים** שנמצא מטבור דא"ק ולמטה[103], **איך** כולם **מלכו ומתו** מריבוי האור שיתלבש בתוכם **עיין שם היטב**.

איך היה בזה' בריאת והויות הכלים, כי בתזלה צריך צמצום האור א"ס **ומעוטו, ועי"כ יתגלה הויות הכלי** בתוך החלל מהרישימו של אור הא"ס שהיה בו צמצום, **ואזור שכבר נתגלה ונתהוה** הכלי, **אז** זזור במעוט ובצמצום **האור, להמשיך בו** תוך הכלי[104] **ויכול הכלי להתקיים** בגלל מעוט האור **ולא ליבטל**.

וכן היה כאן ובכל עולם ועולם. ובכל פרצוף ופרצוף, או כל שעור קומה, **כי הא"ס צמצם בראשונה את האור, ו**מן הרשימו שבתוך החלל **נתהוו הכלים** דעיגולים ויושר **ואזור כך זזור והמשיך הקו** המתפשט בתוך החלל **ההוא להאיר בהם** ר"ל בכלים, כל כלי וכלי לפי מדרגתו וזכותו.

כבר נתבאר לעיל[105] כי כל עולם ועולם, או כל פרצוף ופרצוף, או כל ספירה וספירה, או כל בריאה ובריאה שונה בגודלה, זכותה, ואיכותה, כך גם שפע הא"ס משפיע בכל אחד ואחד במידה ובמשקל לפי ערך המקבלים. כן הוא בבחינת העיגולים, וגם הוא בבחינת היושר.

103

תרשים ג – י"ח.

104

ע"ח ש"ח פ"ה דל"ט ע"א – ונחזור לבאר סדר יציאת שבעה מלכים אלו מתוך הבינה, ואיך נשברו. הנה ראשונה יצאו כולם מתוך הבינה, והיו כלולים באור הדעת, ונכנסו עמו בכלי שלו. והנה נודע כי ו')נב"א ז'(מלכים אלו הם בחינת ו"ק דז"א, וכל אחד אינו גדול מחבירו, כי כל אחד הוא קצה אחד גדול כחבירו, ולכן לא היה כח בשום כלי מהתחתונים לסבול יותר בתוכו מחלק אור המגיע לחלקו בלבד. וכאשר יצא כולם כלולים בדעת, לא היה יכול הכלי לסבול את כולם, ונשבר וירד למטה, כמו שנבאר בע"ה. אחר כך יצאו ששה אורות האחרים בכלי חסד, וגם הוא לא היה יכול לסובלם ונשבר וירד למטה, כמו שנבאר בע"ה. וכבר נתבאר לעיל כי שבעה אורות הם, אלא שנצח הוד נחשבין לאחד, כי תרי פלגי דגופא הם. ואחר כך ירדו החמשה אורות בכלי של גבורה, וירד גם כן עמהם הרשימו של חסד, פירוש כי נודע שכל החמשה ספירות מחסד עד הוד, כל אחד מהם נותן חד רשימו שלו בספירת יסוד, כי לסבה זאת נקרא יסוד - כל, לפי שהוא כולל כולם, ועל כן כל אחד מוריד רשימו חד ליסוד, ולא יכול לסבול ומת ונשבר. ואחר כך ירדו הארבעה אורות ושתי רשימין של חסד וגבורה בכלי התפארת, ונשבר גם הוא, וירד. וכן על דרך זה עד שירדו שני)נב"א ב'(אורות וחמש רשימין בכלי היסוד, ולא היה יכול לסובלם, ונשבר וגם הוא, ירד. וכשבא אור המלכות לא בא אלא הוא לבדו, ועם כל זאת לא היה יכול לסבול, ונשבר גם הוא, וירד.

105

ע"ח ש"א ענף ב' מ"ת די"ב ע"ג – ולא עוד, אלא אף על פי שכל האצילות עגול, והא"ס מקיפו מכל צדדיו בשוה, עם כל זאת אותו המקום הנשאר דבוק בו ממש, ונמשך ממנו ראש הקו הזה, נקרא ראש האצילות העליונה, וכל מה שנמשך ונתפשט למטה נקרא תחתית האצילות. **ועל ידי כך נמצא שיש בחינת מעלה ומטה באצילות**, דאם לא כן לא היה בחינת ראש ורגלים, מעלה ומטה באצילות. והנה האור הזה המתפשט תוך החלל הזה, הנה הוא נחלק לשנים, בחינה האחת הוא שכל האורות שבתוך החלל הזה מוכרח הוא שיהיה בבחינת עגולים אלו תוך אלו. והמשל בזה אור ספירת הכתר, עיגול אחד, ובתוך עיגול זה עגול חכמה, וכיוצא בזה עד תשלום עשר עיגולים שהם עשר ספירות דא"ק. ואחר כך עשר עיגולים אחרים, והם עשר ספירות דעתיק.

ובזה יתבאר טעם למה א"ס ב"ה **צמצם עצמו**, **וסילק** את **האור הרב ההוא** עם כל זאת לא את כל האור, **מן המקום ההוא** ר"ל מקום החלל **לגמרי** לאפוקי האור שעתיד לחזור לחלל דרך הקו המתפשט תוך החלל, **ואזור כך הזוזירו** ר"ל את אור הא"ס דרך הקו המתפשט בחלל **במדה ובמשקל** כפי ערך המקבלים ומדרגתם **דרך הקו ההוא** המתפשט מהא"ס יתברך, **ובאמת היה יכול להניזז** הא"ס יתברך את **אותו בזזינת הקו ההוא במקומו** ולא לסלק אותו עם האור שהסתלק בצמצום מתוך החלל, **ויסלק שאר האור הגדול בלבד** מתוך החלל, **כיון שהוא** ר"ל הא"ס **עתיד להזוזירו**[106] את בחינת הצינור הנקרא קו היושר המתפשט תוך החלל.

אבל הטעם היה לסיבה **הנזכרת לעיל** הסתלקות כל האור מהחלל על ידי הצמצום, וחזרתו דרך הקו המתפשט בחלל, **כי לא יכלו להתהוות** בחינת **הכלים עד שיסתלק** כל **האור** הא"ס מן החלל **לגמרי**, כי אי אפשר להאציל בחינת נאצלים עד שהסתלק כל בחינת האור. **ואזור שנתהוו** בחינת **הכלים** מהרשימו שנשאר בחלל, ואחר כך **זוזר והבמשיך** הא"ס את **האור** (**דרך הקו** המתפשט בתוך החלל) **במדה ובמשקל** כי ערך המקבלים, **כפי שיעור המספיק להם להאירם להזוזיותן, באופן שיוכלו לסבול ויתקיימו** הכלים **ולא יתבטלו**, ודי **בזה.**

ואחר כך בתוכם עשר עיגולים אחרים, והם עשר ספירות דא"א. ואחר כך בתוכן עשר עיגולים אחרים, והם עשר ספירות דאבא. אלו תוך אלו, עד סיום כל פרטי אצילות. והבחינה השנייה הוא, כי הנה באמצע כל האצילות העגול הזה, מתפשט דרך קו ישר, **בחינת אור דוגמת העגול ממש**, **רק שהוא ביושר**, ויש בו בחינת א"א, ואו"א, וזו"ן, וכולם ביושר.
106

ע"ח ש"א ענף ב' מ"ב די"ב ע"א – אך בהיות אור א"ס נמשך דרך קו אחד, **וצינור דק בלבד**, יצדק בו מעלה ומטה, פנים ואחור, מזרח ומערב.

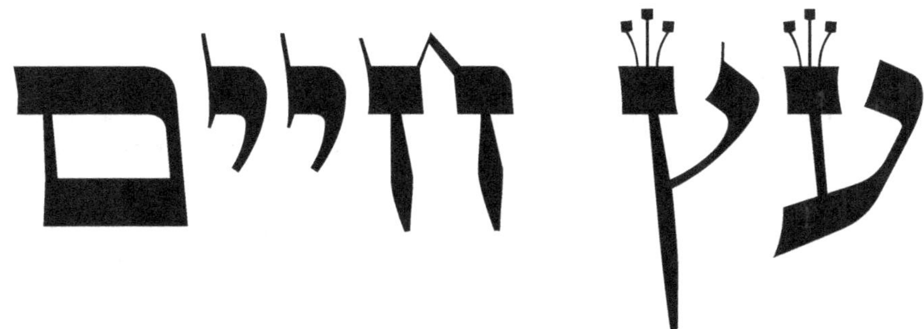

עֵץ חַיִּים

לְרַבִּינוּ חַיִּים וִיטָאל

שֶׁקִּיבֵּל מִמָרָן הָאֲרִ"י זְלֹה"ה

שַׁעַר א'

שַׁעַר עֲגּוּלִים

עֲנָף ג'

חֵלֶק הַתַּרְשִׁימִים טַבְלָאוֹת וְצִיּוּרִים

שִׂמְחַת חַיִּים

<u>**הקדמה קצרה**</u>

דע כי כל התרשימים הציורים והטבלאות, הם אך ורק לשכך את האוזן, ולשבר את העין. וכל הציורים הם לא שלמים.

כתב הרי"ח הטוב ברב פעלים ח"ב בסוד ישרים ה' - אך דע לך כי סדר התלבשות המחצבים שכתב מהרח"ו בשערי קדושה עד עולם הזה שאנחנו עומדים בו. וכן סדר התלבשות הפרצופים אשר בכל מחצב ומחצב, וסדר התלבשות העולמות זה בזה, והיושר והעיגולים, לא אית אינש דכיל למנלע רזא דנא, איך היא עשוי, איך הוא עומד, ולא אפשר לשכל אנושי לצייר כל הנזכר על אמתיתם, ועל בורריין מפני כי שכל האנושי בהיותו עצור ומונח בגוף גשמיי, אי אפשר לי להשיג דבר רוחני, והוא זה דומה לאדם סומא מן הבטן שלא ראה מאורות מימיו, דודאי אי אפשר לו לצייר מראות השמש והירח הנראין לעיני הבריות, וכל שכן מה שיש למעלה למעלה.

וכן כתב ברב פעלים ח"א בסוד ישרים א' - סוף דבר הכל נשמע, ה' אחד ושמו אחד, ואין לו גוף ולא דמות הגוף, ואין לו שום ציור, ותמונה ודמיון כלל ועיקר, וגם כל העולמות וספירות הקדושים למעלה אין להם ציור ודמיון של גופים האלה כלל, ואין מי שיוכל לידע איך הוא עמידתם וסדרם, ואיך עומדים עולמות היושר ועולמות העיגולים, ואיך מתחברים זה עם זה, ואיך נמשך השפע מזה לזה, ואיך הוא תוארם ומראיהם, ואיך הוא מהות השפע המחיה אותם, ומקיים אותם, וכמה הוא שיעור אורכם וגובהן ורחבם, ואיך הם נכללים זה בזה, ומלבישים זה לזה, כי בכל זאת אין שום שכל אנושי יוכל לדעת, ולהבין, ולהשיג, כלל ועיקר.

הרב ז"ל כתב בשער אח"פ תחילת פ"א וז"ל - כבר ידעת כי אין בנו כח לעסוק קודם אצילות עשר ספירות, ולא לדמות שום דמיון וצורה כלל ח"ו, אך לשכך האזן, אנו צריכים לדבר דרך משל ודמיון, לכן אף אם נדבר במציאות ציור שם למעלה, אין הדבר רק לשכך האזן. אמנם דע כי עשר ספירות דאצילות הם שתי עניינים. האחד הוא התפשטות הרוחניות, והשני הוא כלים ואברים אשר העצמות מתפשט בהם. והנה צריך שיהיה לכל זה שורש למעלה לשתי בחינות אלו, ולכן צריכין אנו לדבר בסדר המדרגות מראש עד סוף, והנה נתחיל ונאמר כי הלא הא"ס ב"ה אין בו שום ציור כלל ח"ו כמבואר.

הרב ז"ל כתב בשער טנת"א פ"א - והנה אף על פי שאנו מכנים וקוראים כאן כנויים אלו כגון אדם ראש אזנים וכיוצא אינו רק לשכך האזן לשיובנו הדברים לכן אנו מכנים כנויים אלו במקום גבוה, עד כאן לשונו.

וכן הרמ"ק בפרדס רימונים ש"ו פ"א - וציירו להם המקובלים צורות ביריעות גדולות וקראום אילן.

הרב ז"ל כתב בסוף ש"ה פ"ד וז"ל - ואמנם דבר גלוי הוא כי אין למעלה גוף ולא כח גוף חלילה. וכל הדמיונות והציורים אלו לא מפני שהם כך חס ושלום. אמנם לשכך את האוזן לכשיוכל האדם להבין הדברים העליונים הרוחניים בלתי נתפסים ונרשמים בשכל האנושי, לכן ניתן רשות לדבר בבחינת ציורים ודמיונים, כאשר הוא פשוט בכל ספרי הזוהר. וגם בפסוקי התורה עצמה כולם כאחד עונים ואומרים בדבר הזה כמו שאמר הכתוב עיני ה' המה משוטטים בכל הארץ. עיני ה' אל צדיקים. וישמע ה'. וירח ה'. וידבר ה'. וכאלה רבות וגדולה מכולם מה שאמר הכתוב ויברא אלהים את האדם בצלמו בצלם אלהים ברא אותו זכר ונקבה וגו'. ואם התורה עצמה דברה כך גם אנחנו נוכל לדבר כלשון הזה, עם היות שפשוט הוא שאין שם למעלה אלא אורות דקים, בתכלית הרוחניות, בלתי נתפשים שם כלל, וכמו שאמר הכתוב כי לא ראיתם כל תמונה, וכאלה רבות. ואמנם יש עוד דרך אחרת כדי להמשיך ולצייר בה הדברים העליונים, והם בחינת כתיבת צורת אותיות, כי כל אות ואות מורה על אור פרטי עליון, וגם תמונת זו דבר פשוט הוא כי אין למעלה לא אות, ולא נקודה, וגם זה דרך משל וציור לשכך את האוזן כנזכר. ולכן נבאר עתה הקדמה הנזכר על דרך ציור האותיות גם כן ובבחינת ציורים אלו, הן ציור האדם, והן ציור אותיות, שתיהן מוכרחים להבין ענין האורות העליונים, כאשר תראה ספרי הזוהר בנויים על שתי בחינות הציורים האלה, עד כאן לא.

ולכן גם אנחנו הרשינו לעצמינו לצייר ציורים, תרשימים וטבלאות, אך ורק כדי לשכך את האוזן, ולשבר את העין, כדי להבין את הסוגייה.

אח"י

סדר שמות שמות ההיכלות והשערים בעץ חיים

שם היכל	שער	שם השער	א	ב	ג	ד	ה	ו	ז	ח	ט	י	יא	יב	יג	יד	טו
אדם קדמון	א	**עיגולים ויושר**	א	ב	**ג**	ד	ה										
	ב	השתלשלות י"ס דרך עגו'	א	ב	ג												
	ג	סדר אצילות למהרח"ו	א	ב	ג												
	ד	אח"פ	א	ב	ג	ד	ה										
	ה	טנת"א	א	ב	ג	ד	ה	ו	ז								
	ו	עקודים	א	ב	ג	ד	ה	ו	ז	ח							
	ז	מטי ולא מטי	א	ב	ג	ד	ה										
נקודים	ח	דרושי נקודות	א	ב	ג	ד	ה	ו									
	ט	שבירת הכלים	א	ב	ג	ד	ה	ו	ז	ח							
	י	תיקון	א	ב	ג	ד	ה										
	יא	מלכים	א	ב	ג	ד	ה	ו	ז	ח	ט	י					
הכתרים	יב	עתיק	א	ב	ג	ד	ה										
	יג	א"א	א	ב	ג	ד	ה	ו	ז	ח	ט	י	יא	יב	יג	יד	
או"א	יד	או"א	א	ב	ג	ד	ה	ו	ז	ח	ט	י					
	טו	זווגים	א	ב	ג	ד	ה	ו									
	טז	הולדת או"א וזו"ן	א	ב	ג	ד	ה	ו	ז								
ז"א	יז	ז"א	א	ב	ג	ד											
	יח	רפ"ח נצוצין	א	ב	ג	ד	ה	ו									
	יט	אב"ך	א	ב	ג	ד	ה	ו	ז	ח	ט	י					
	כ	המוחין	א	ב	ג	ד	ה	ו	ז	ח	ט	י	יא	יב			
	כא	לידת המוחין	א	ב	ג												
	כב	מוחין דקטנות	א	ב	ג												
	כג	מוחין דצלם	א	ב	ג	ד	ה	ו	ז	ח							
	כד	פרקי הצלם	א	ב	ג	ד	ה	ו	ז								
	כה	דרושי הצלם	א	ב	ג	ד	ה	ו	ז	ח							
	כו	צלם	א	ב	ג	ד											
	כז	פרטי עי"מ	א	ב	ג	ד											
	כח	עיבורים	א	ב	ג	ד	ה										
	כט	נסירה	א	ב	ג	ד	ה	ו	ז	ח	ט						
	ל	פרצופים	א	ב	ג	ד	ה	ו	ז								
	לא	פרצופי זו"ן	א	ב	ג	ד	ה										
	לב	הארת המוחין	א	ב	ג	ד	ה	ו	ז	ח	ט						
	לג	אונאה	א	ב	ג	ד	ה										
נוק' דז"א	לד	תיקון הנוקבא	א	ב	ג	ד	ה	ו	ז								
	לה	הירח	א	ב	ג	ד	ה										
	לו	מעוט הירח	א	ב	ג	ד											
	לז	יעקב ולאה	א	ב	ג	ד	ה										
	לח	לאה ורחל	א	ב	ג	ד	ה	ו	ז	ח	ט						
	לט	מ"ן ומ"ד	א	ב	ג	ד	ה	ו	ז	ח	ט	י	יא	יב	יג	יד	טו
	מ	פנימיות וחצוניות	א	ב	ג	ד	ה	ו	ז	ח	ט	י	יא	יב	יג	יד	טו
	מא	חשמל	א	ב	ג												
אבי"ע	מב-א	דרושי אבי"ע	א	ב	ג	ד	ה	ו	ז	ח	ט	י	יא	יב			
	מב-ב	כללות אבי"ע	א	ב	ג	ד											
	מג	ציור עולמות אבי"ע	א	ב	ג	ד											
	מד	שמות	א	ב	ג	ד	ה	ו	ז								
	מה	מקיפין	א	ב	ג	ד											
	מו	כסא הכבוד	א	ב	ג	ד	ה	ו									
	מז	סדר אבי"ע	א	ב	ג	ד	ה	ו									
	מח	קליפות	א	ב	ג	ד											
	מט	קליפת נוגה	א	ב	ג	ד	ה	ו	ז	ח	ט						
	נ	קיצור אבי"ע	א	ב	ג	ד	ה	ו	ז	ח	ט	י					

תרשימים שער א' ענף ג'

טבלת ערכים

עשיה	יצירה	בריאה	אצילות	אדם קדמון	עולמות
נוקבא	ז"א	אמא	אבא	ע"י וא"א	פרצופים
מלכות	חג"ת נה"י	בינה	חכמה	כתר	ספירות
ה	ו	ה	י	קוץ של י'	הוי"ה
נפש	רוח	נשמה	חיה	יחידה	אורות
ב"ן - יוד הה וו הה	מ"ה - יוד הא ואו הא	ס"ג - יוד הי ואו הי	ע"ב - יוד הי ויו הי	שורש הוי"ה	מלוי
אותיות	תגין	נקודות	טעמים	שורשים	טנת"א
אין ניקוד	סגול, שוה, חולם חיריק, קבוץ, שורוק	צרי	פתח	קמץ	נקודות
עטרת היסוד	גוף וברית	מוח שמאל	מוח ימין	גולגלתא	אדם
כבד	לב	מוח	ל - מקיף, חיה	מ - מקיף, יחידה	מל"צ
היכל	לבוש	גוף	נשמה	שורש	שנגל"ה
יעו"ר	זו"נ	ישסו"ת	או"א עלאין	עו"נ ואו"נ	י"ב פרצופים
כלים	לבושים	צלמים	מוחין	אורות	כל צמא
עור	בשר	גידין	עצמות	מוח	אברים
דיבור	ריח	שמיעה	ראיה	מוח	חושים
חושך	מלאכים	נשמות	ספירות	א"ס	מחצבים
צ' כבד	צ' לב	צ' מוח	ל' מקיף א'	מ' מקיף ב'	צלם
דומם	צומח	חי	מדבר	אלוקות	דחצ"מ
עפר	רוח	אש	מים	יולי	יסודות
וילון	מכון, מעון, זבול שחקים, רקיע	ערבות	ערבות	ערבות	רקיעים
לבנה	ככבים	מזלות	גלגל היומי	גלגל השכל	גלגלים
לבנת הספיר	אהבה, זכות, רצון, עצם השמים, לבנת הספיר	קודש קודשים	קודש קודשים	קודש קודשים	היכלות
כו - וד ה ו ה	יט - וד א או א	לז - וד א או י	מו - וד יי וי		מלוי הוי"ה
קנ"א - אלף הה יוד הה	קמ"ג - אלף הא יוד הא	קס"א - אלף הי יוד הי	קס"א - אלף הי יוד הי		אהי"ה

תרשים ג - א

נר"נח"י	ספירות	פרצופים	עולמות	שם הוי"ה
יחידה	כתר	א"א	א"ק	קוץ י'
חיה	חכמה	אבא	אצילות	י
נשמה	בינה	אימא	בריאה	ה
רוח	חג"ת נה"י	ז"א	יצירה	ו
נפש	מלכות	נוקבא	עשיה	ה

תרשים ג - ב

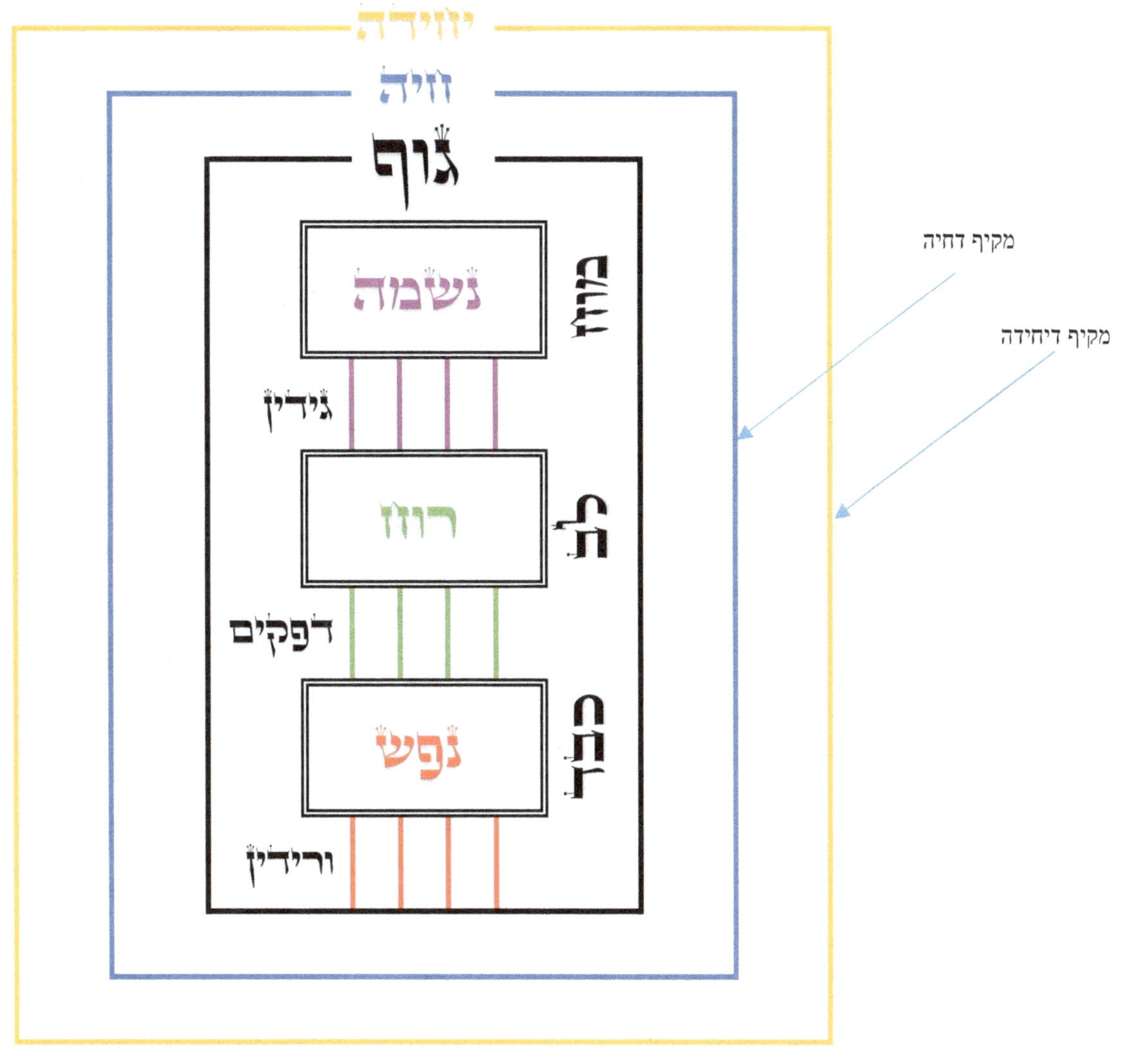

כללות נרנח"י	נרנח" דנרנח"י	נרנח"י דנרנח"י דנרנח"י				

מקיף II

	יחידה	יחידה	חיה	נשמה	רוח	נפש
	חיה	יחידה	חיה	נשמה	רוח	נפש
	נשמה	יחידה	חיה	נשמה	רוח	נפש
	רוח	יחידה	חיה	נשמה	רוח	נפש
	נפש	יחידה	חיה	נשמה	רוח	נפש

מקיף I

	יחידה	יחידה	חיה	נשמה	רוח	נפש
	חיה	יחידה	חיה	נשמה	רוח	נפש
	נשמה	יחידה	חיה	נשמה	רוח	נפש
	רוח	יחידה	חיה	נשמה	רוח	נפש
	נפש	יחידה	חיה	נשמה	רוח	נפש

מוחין

	יחידה	יחידה	חיה	נשמה	רוח	נפש
	חיה	יחידה	חיה	נשמה	רוח	נפש
	נשמה	יחידה	חיה	נשמה	רוח	נפש
	רוח	יחידה	חיה	נשמה	רוח	נפש
	נפש	יחידה	חיה	נשמה	רוח	נפש

לב

	יחידה	יחידה	חיה	נשמה	רוח	נפש
	חיה	יחידה	חיה	נשמה	רוח	נפש
	נשמה	יחידה	חיה	נשמה	רוח	נפש
	רוח	יחידה	חיה	נשמה	רוח	נפש
	נפש	יחידה	חיה	נשמה	רוח	נפש

כבד

	יחידה	יחידה	חיה	נשמה	רוח	נפש
	חיה	נשמה	חיה	רוח	נפש	
	נשמה	יחידה	חיה	נשמה	רוח	נפש
	רוח	נשמה	רוח	נפש		
	נפש	יחידה	חיה	נשמה	רוח	

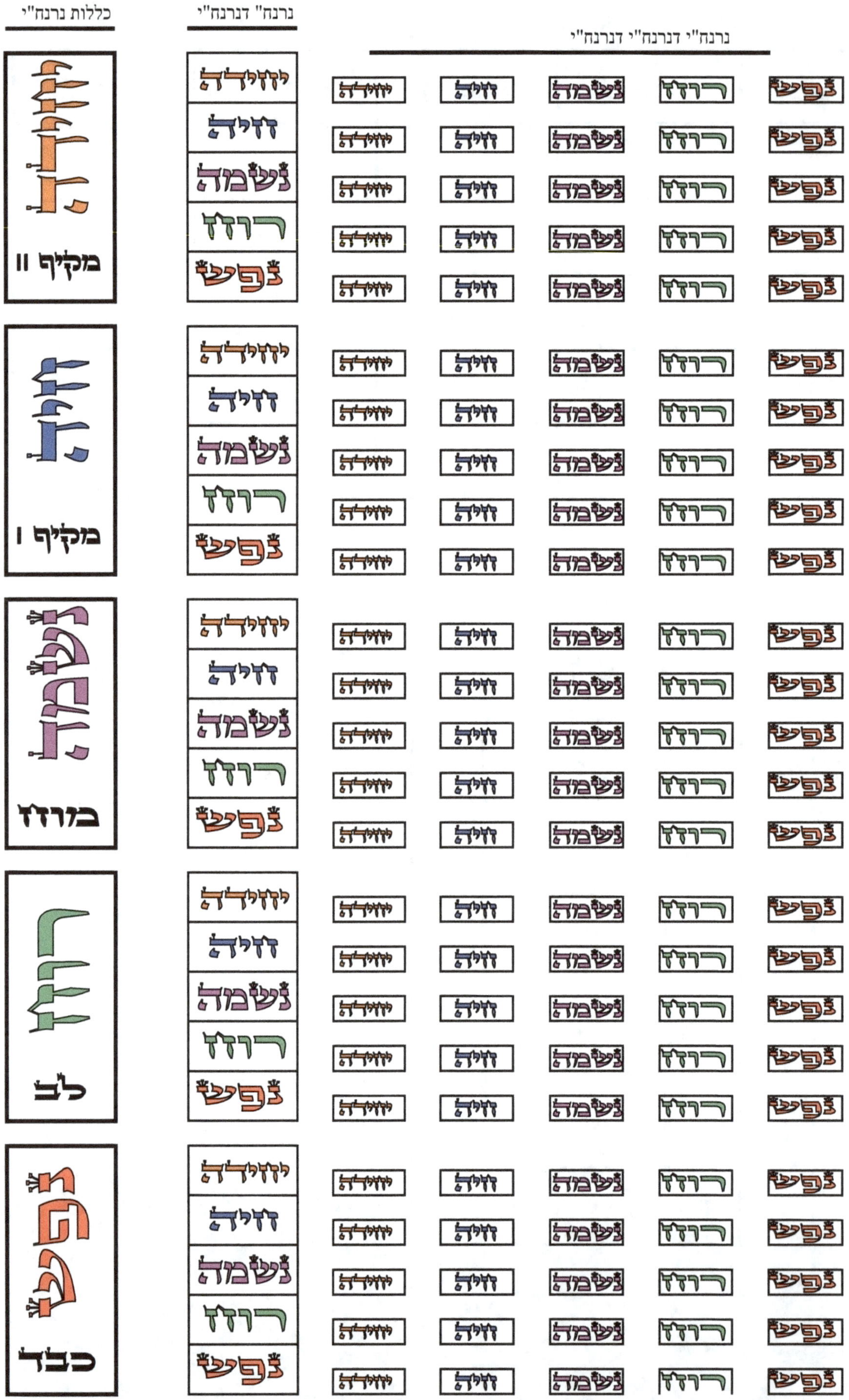

עמודה ימנית (גבוהה):

| נשמה |
| חב"ד |
| רוח |
| חג"ת |
| נפש |
| נה"י |
| נשמה |
| חב"ד |
| רוח |
| חג"ת |
| נפש |
| נה"י |
| נשמה |
| חב"ד |
| רוח |
| חג"ת |
| נפש |
| נה"י |

עמודה אמצעית:

| נשמה |
| חב"ד |
| רוח |
| חג"ת |
| נפש |
| נה"י |
| נשמה |
| חב"ד |
| רוח |
| חג"ת |
| נפש |
| נה"י |

עמודה שמאלית:

| נשמה |
| חב"ד |
| רוח |
| חג"ת |
| נפש |
| נה"י |

כלי מקיף

כלי אמצעי

כלי פנימי

נר"נ הנשמה ונשמה

נר"נ הרוח ונפש

תרשים ג - ה

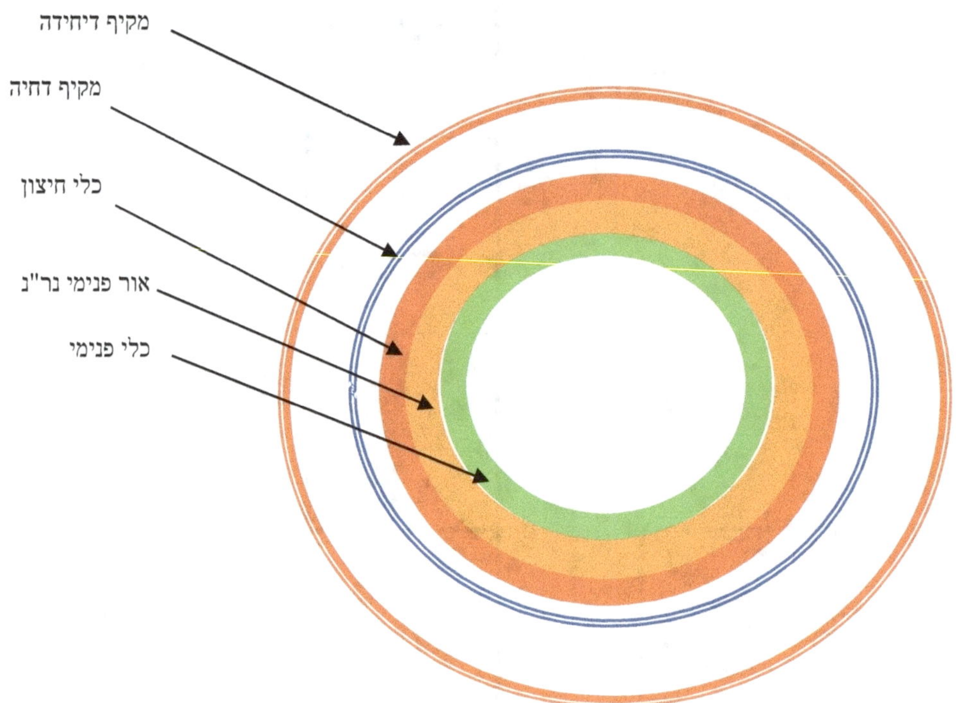

תרשים ג - ו

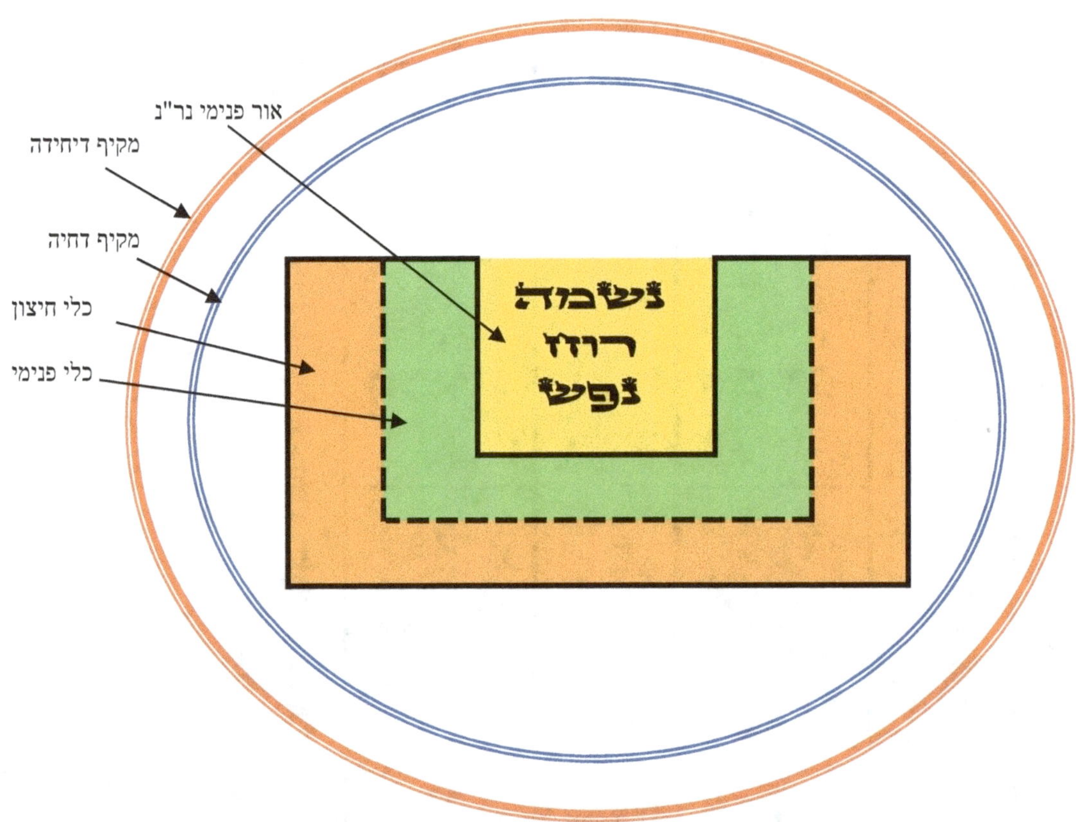

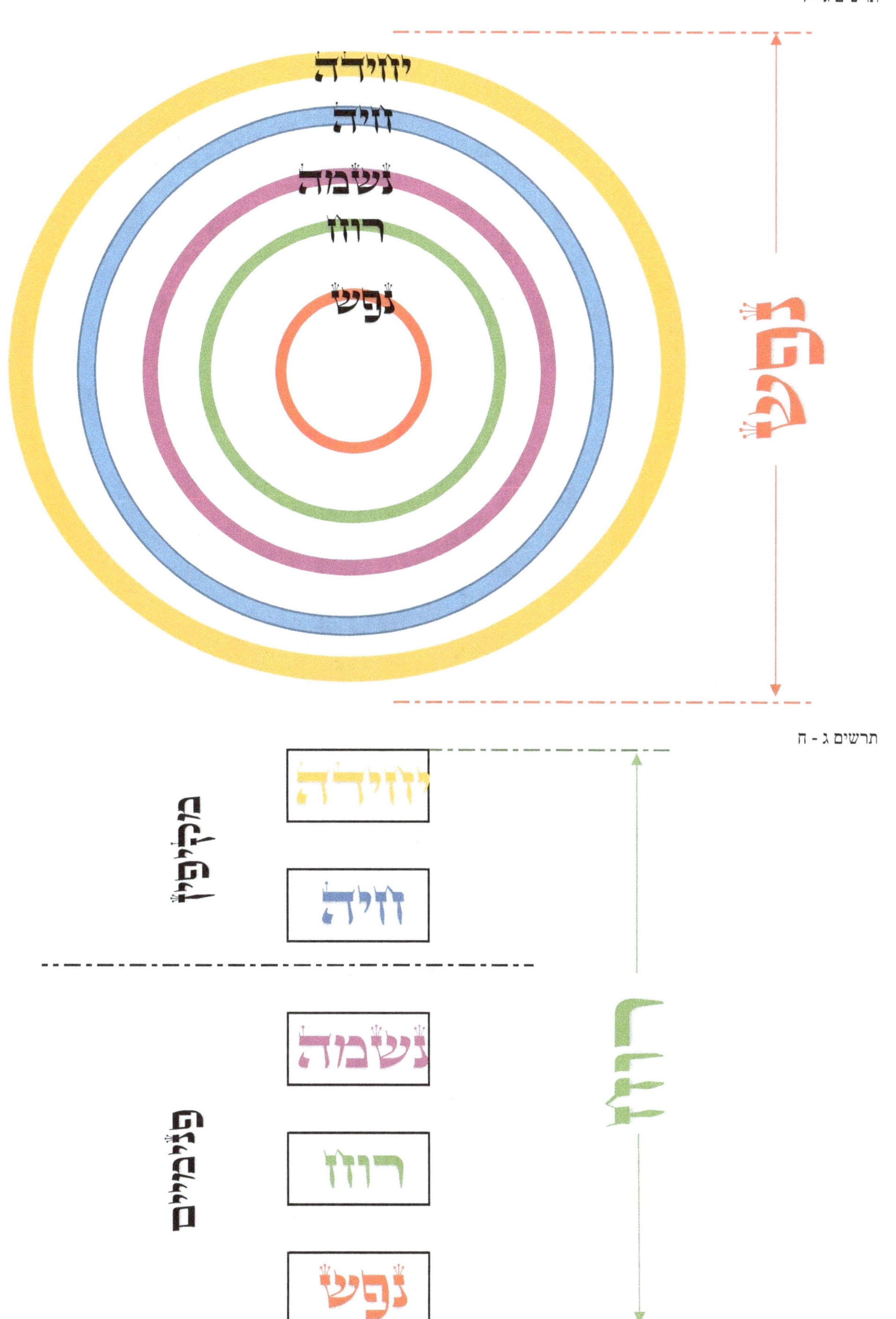
תרשים ג - ז
יחידה
חיה
נשמה
רוח
נפש
נפש
תרשים ג - ח
יחידה
חיה
מקיפים
נשמה
רוח
נפש
פנימיים
רוח

תרשים ג - ט

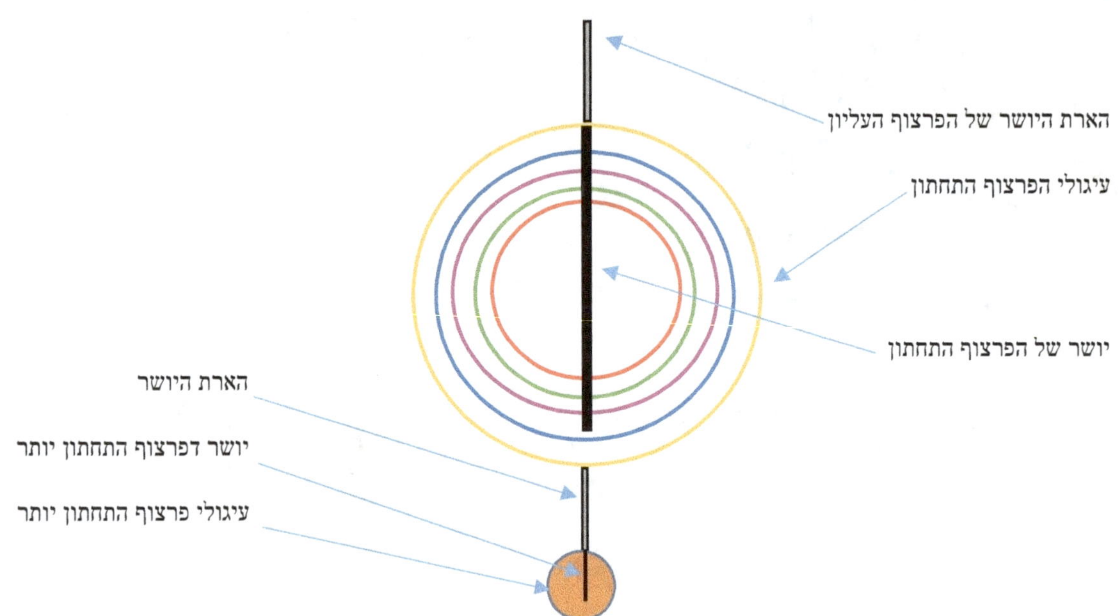

תרשים ג - י

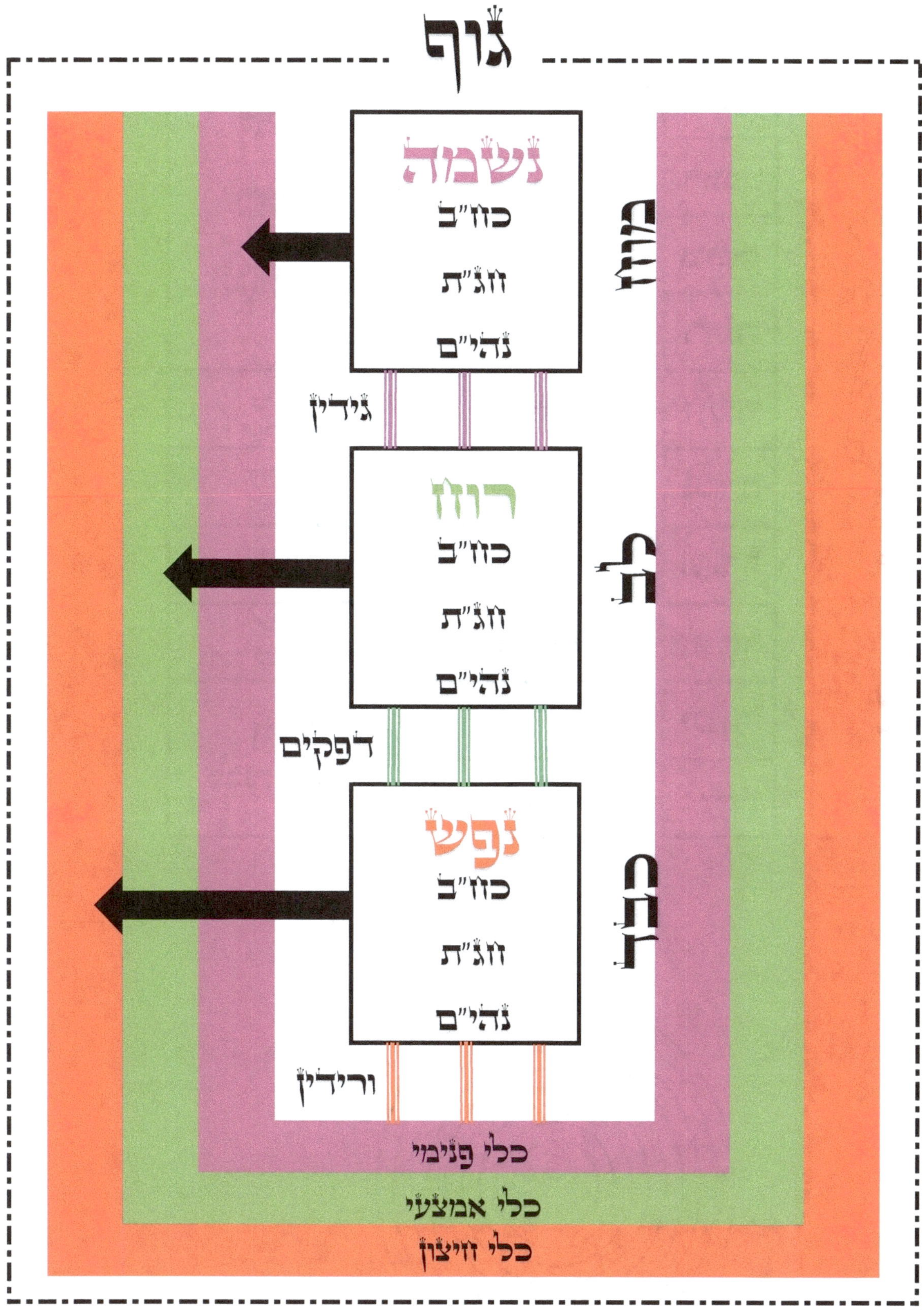
גוף
נשמה
כוז"ב
חג"ת
נהי"ם
מוח
גידין
רוח
כוז"ב
חג"ת
נהי"ם
לב
דפקים
נפש
כוז"ב
חג"ת
נהי"ם
כבד
ורידין
כלי פנימי
כלי אמצעי
כלי חיצון

תרשים ג - י"ב

עולם	ספירות	רקיעים	היכלות
אצילות	כתר		היכל קודש הקודשים
	חכמה	ערבות	
	בינה		
	דעת		
	חסד	מכון	היכל האהבה
	גבורה	מעון	היכל הזכות
	תפארת	זבול	היכל הרצון
	נצח הוד	שחקים	היכל נגה / היכל עצם השמים
	יסוד	רקיע	היכל לבנת הספיר
	מלכות	וילון	

תרשים ג - י"ג

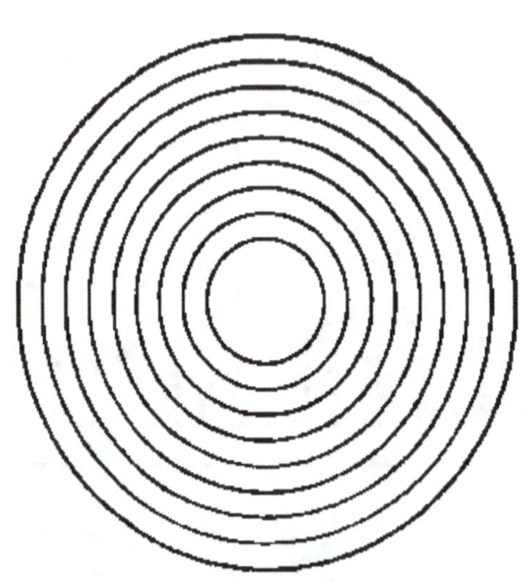

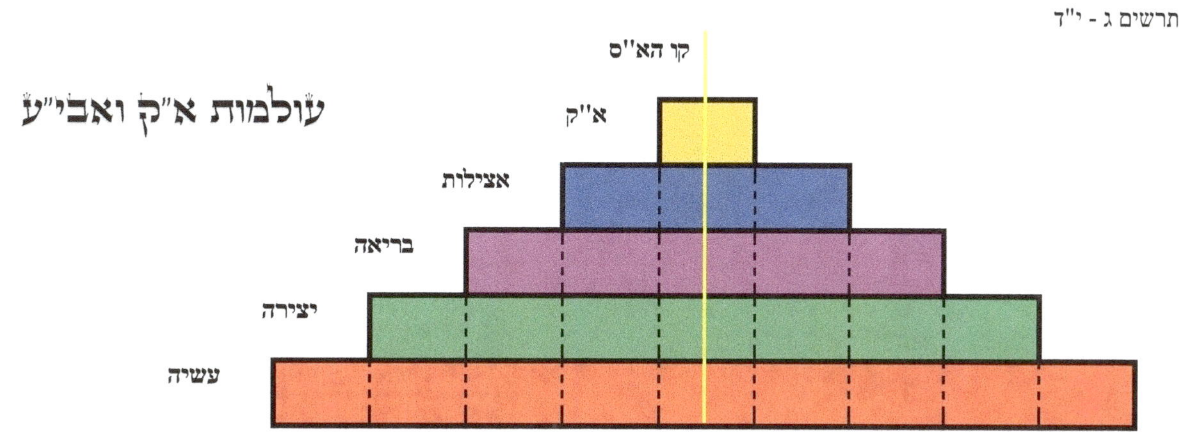

תרשים ג - י"ד
קו הא"ס
א"ק
עולמות א"ק ואבי"ע
אצילות
בריאה
יצירה
עשיה

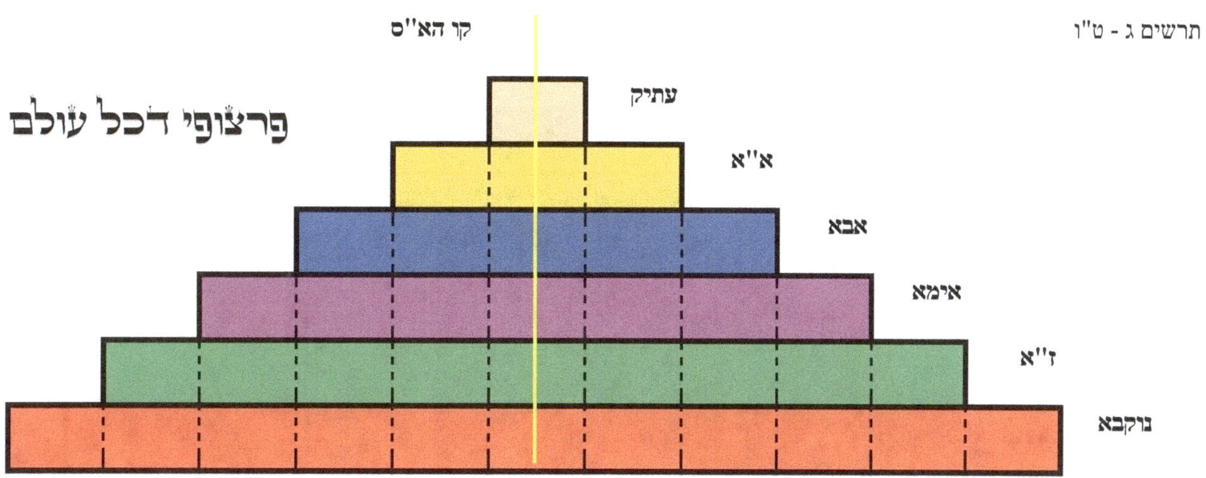

תרשים ג - ט"ו
קו הא"ס
עתיק
פרצופי דכל עולם
א"א
אבא
אימא
ז"א
נוקבא

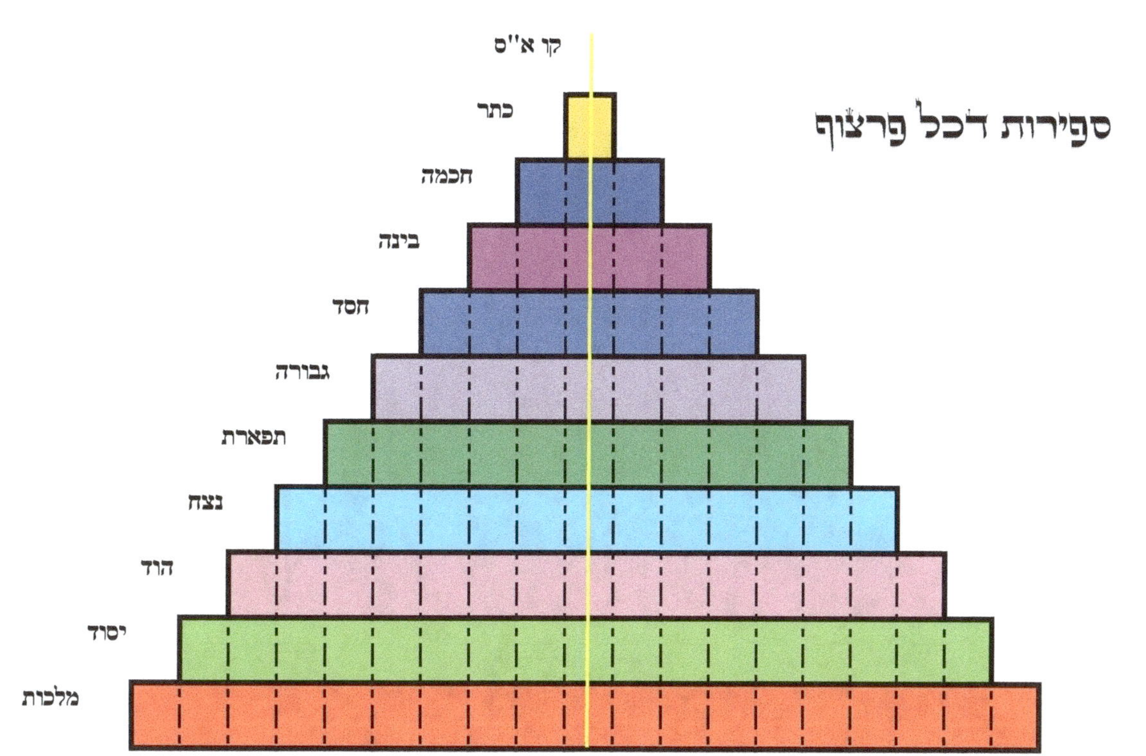

תרשים ג - ט"ז
קו א"ס
כתר
ספירות דכל פרצוף
חכמה
בינה
חסד
גבורה
תפארת
נצח
הוד
יסוד
מלכות

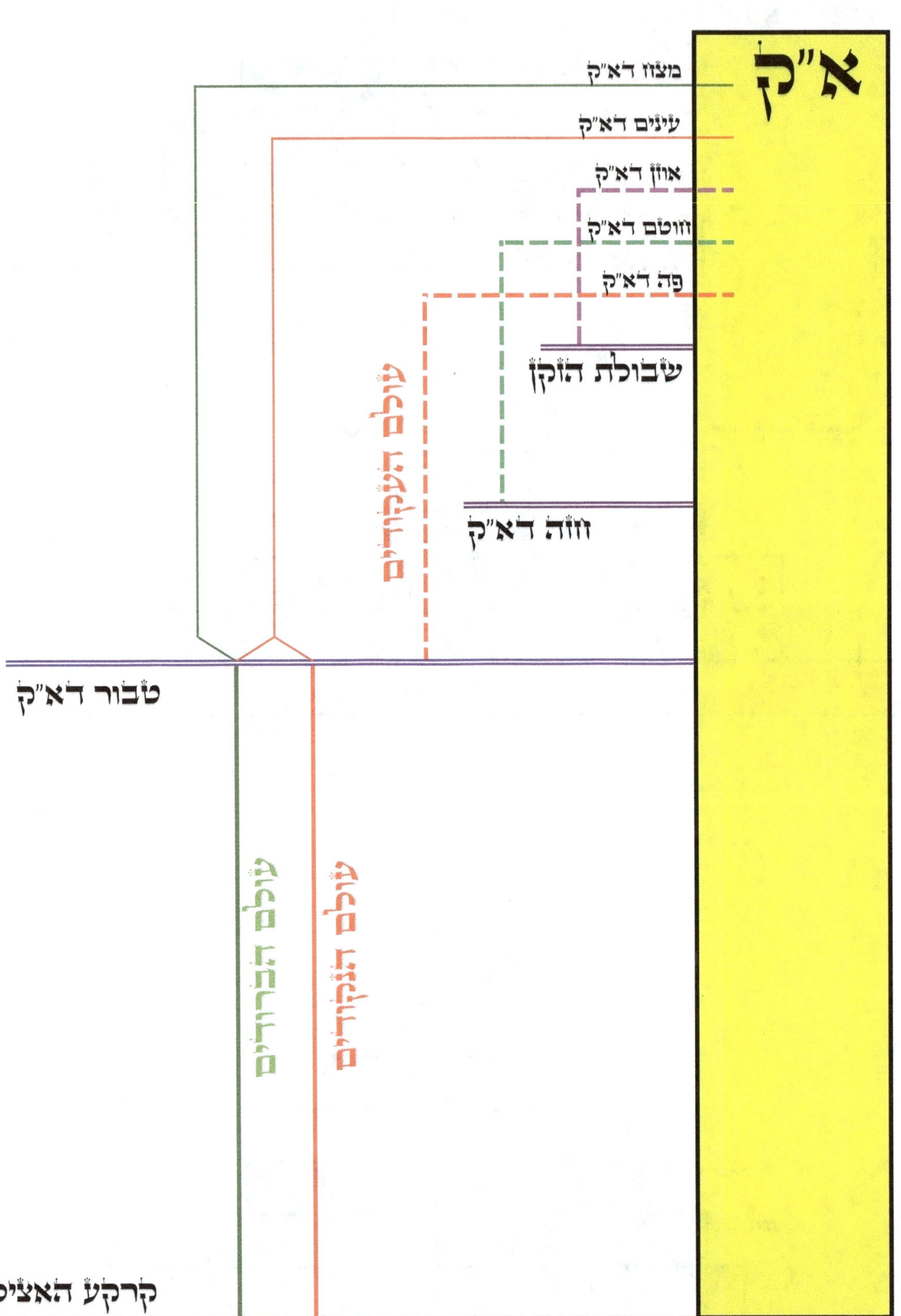
א"ק
מצח דא"ק
עינים דא"ק
אוזן דא"ק
חוטם דא"ק
פה דא"ק
שבולת הזקן
חזה דא"ק
טבור דא"ק
קרקע האצילות
עולמות בי"ע
פנים עליונים
פנים תחתונים
פנים עליונים
פנים תחתונים